PRESERVAÇÃO PATRIMONIAL
EM PERNAMBUCO

Editora Appris Ltda.
1.ª Edição - Copyright© 2024 dos autores
Direitos de Edição Reservados à Editora Appris Ltda.

Nenhuma parte desta obra poderá ser utilizada indevidamente, sem estar de acordo com a Lei nº 9.610/98. Se incorreções forem encontradas, serão de exclusiva responsabilidade de seus organizadores. Foi realizado o Depósito Legal na Fundação Biblioteca Nacional, de acordo com as Leis nºs 10.994, de 14/12/2004, e 12.192, de 14/01/2010.

Catalogação na Fonte
Elaborado por: Dayanne Leal Souza
Bibliotecária CRB 9/2162

D585p
2024
	Diniz, Rozeane Porto
	  Preservação patrimonial em Pernambuco / Rozeane Porto Diniz, Ricardo de Aguiar Pacheco. – 1. ed. – Curitiba: Appris, 2024.
	  159 p. ; 21 cm. – (Geral).
	
	  Inclui referências.
	  ISBN 978-65-250-7008-7
	
	  1. Preservação. 2. Patrimônio. 3. Pernambuco. I. Diniz, Rozeane Porto. II. Pacheco, Ricardo de Aguiar. III. Título. IV. Série.
	
	                                                         CDD – 344.09

Livro de acordo com a normalização técnica da ABNT

Appris
editora

Editora e Livraria Appris Ltda.
Av. Manoel Ribas, 2265 – Mercês
Curitiba/PR – CEP: 80810-002
Tel. (41) 3156 - 4731
www.editoraappris.com.br

Printed in Brazil
Impresso no Brasil

SUMÁRIO

INTRODUÇÃO
POLÍTICAS DE INSTITUCIONALIZAÇÃO DO PATRIMÔNIO CULTURAL: PRÁTICAS DE PRESERVAÇÃO EM PERNAMBUCO 7

1
A POLÍTICA DE PRESERVAÇÃO 11
   1.1 O PATRIMÔNIO COMO OBJETO 11
   1.2 A FASE HERÓICA 16
   1.3 A FASE MODERNA 21
   1.4 ALOÍSIO MAGALHÃES – E A CULTURA POPULAR 23

2
A POLÍTICA DE PRESERVAÇÃO DOS ANOS DE 1930 (OLINDA) 31
   2.1 OS PRIMEIROS TOMBAMENTOS 31
      2.1.1 Resistências ao tombamento 37
   2.2 A POLÍTICA DE PRESERVAÇÃO DOS ANOS 1970 E A PRESERVAÇÃO INTEGRADA (EM OLINDA) 42
      2.2.1 O tombamento integrado: tombamento do conjunto arquitetônico de Olinda e ampliação (1968/1979) 43
   2.3 SOBRE A FUNDARPE 54
   2.4 O PATRIMÔNIO IMATERIAL (EM OLINDA) 58
      2.4.1 A patrimonialização do frevo em Olinda 61

3
TRÊS HOMENS E UM OBJETIVO 77
   3.1 TRAJETÓRIAS CRUZADAS 78
   3.2 GILBERTO FREYRE: O MARCO REFERENCIAL DO PATRIMÔNIO EM PERNAMBUCO 80
   3.3 AYRTON DE ALMEIDA CARVALHO: O RESPONSÁVEL TÉCNICO 95
   3.4 ANÍBAL FERNANDES: UM "TÍMIDO" COLABORADOR 108
   3.5 O QUE ESTAVA EM JOGO? 114

4
"NEM DIQUE, NEM FORTE, RUÍNAS E NADA MAIS": A FABRICAÇÃO DO PATRIMÔNIO 119
4.1 OS TOMBAMENTOS DO FORTE DO BURACO 120
4.2 AS "RUÍNAS" DO FORTE DO BURACO: O PATRIMÔNIO HISTÓRICO COMO UMA INVENÇÃO 133
4.3 QUEM FABRICA O PATRIMÔNIO? 154

INTRODUÇÃO

POLÍTICAS DE INSTITUCIONALIZAÇÃO DO PATRIMÔNIO CULTURAL: PRÁTICAS DE PRESERVAÇÃO EM PERNAMBUCO

A implantação de políticas voltadas para proteção ao Patrimônio Cultural é iniciada com a Superintendência do Patrimônio Histórico e Artístico Nacional (Sphan) em 1937. Com a criação desse órgão, verificamos a construção de mecanismos administrativos para proteção legal, que se ampliam e alcançam atualmente diferentes níveis de gerenciamento – nacional, estadual e municipal –, e que paulatinamente também assistiu um alargamento dos bens que estão sobre sua tutela.

No estado de Pernambuco, observaremos a partir do Instituto do Patrimônio Histórico e Artístico Nacional (Iphan) e da Fundação do Patrimônio Histórico e Artístico de Pernambuco (Fundarpe), a implementação de políticas públicas para o patrimônio, os agentes sociais produtores e reprodutores de práticas próprias dessas agências refletindo sobre como o campo do patrimônio se articula, propõe, executa políticas e interage com os diferentes grupos que reivindicam seus patrimônios.

Divididas em fases, as práticas de preservação ilustram a percepção de que a política de preservação do patrimônio cultural no Brasil – assim como no Pernambuco – não teve um sentido único. Ao contrário, foi objeto de múltiplos interesses e visões sobre o que seja a cultura, a identidade e as estratégias de preservação dos bens culturais.

Neste estudo, vamos apresentar de modo mais pontual as características das práticas de preservação em Pernambuco, a partir do acervo do Laboratório e Intervenções em Patrimônio

Cultural e Memória Social (Lepam), da Universidade Federal Rural de Pernambuco (UFRPE). O acervo é digitalizado e conta com 34 processos de tombamento.

Numa observação preliminar dos processos, tendo em vista a quantidade de igrejas e fortes que constam como bens patrimonializados, temos a representação de que a política de tombamento seguiu a narrativa do Sphan na sua primeira fase. Quando a "prioridade [era] dada aos monumentos arquitetônicos, e dentre esses, a arquitetura religiosa" (Fonseca, 2005, p. 108) era o direcionamento das práticas iniciais de preservação do órgão federal.

Dos 34 processos de tombamento promovidos pelo Sphan nas décadas de 1930 e 1940, 23 são de igrejas, mosteiros e/ou capelas e quatro são de fortes. Portanto, temos a maioria dos bens tombados, relacionados à arquitetura religiosa e militar, comprovando que também no território de Pernambuco o Sphan aplicou a política de "pedra e cal", característica das primeiras práticas de preservação.

Depois disso, teremos momentos diferentes no processo de patrimonialização quando teremos a incorporação do debate teórico sobre a política de preservação dos bens culturais, o alargamento do conceito de cultura e o entendimento da dinâmica de transformação dos objetos culturais.

Em Pernambuco, teremos a atuação da Fundarpe, criada em 1973. Também é um marco nas políticas públicas de preservação. Junto à atuação do órgão estadual de preservação, teremos as modificações na legislação e os instrumentos técnicos. Surgem conceitos como "entorno" e "tombamento integrado", que acabam promovendo inovação nas práticas de preservação do patrimônio.

Ainda que majoritariamente tenhamos a prevalência de patrimonialização de bens, que seguem o protocolo da prática de preservação inicial e atravessam o processo de patrimonialização até por volta do ano 2000, quando teremos reformulações mais concretas e produtivas em relação à expansão de tombamentos e de registro de bens que seguem as normativas das práticas consideradas modernas.

Assim, temos o registro do patrimônio imaterial, já pensado por outros interlocutores do patrimônio, mas que passa a ter sua definição mais ampliada em 1979, quando temos uma ampliação conceitual da categoria patrimônio. A legitimação dessa política de tombamento se dá a partir de 2000, com a regulamentação do Decreto n. 3.551, que institui o registro do patrimônio imaterial.

A pesquisa será apresentada em quatro capítulos com estrutura independente, mas iniciando pela contextualização das políticas de patrimônio no Brasil para, depois, trazer as análises dos processos selecionados para os objetivos de cada capítulo.

Para a análise desses processos, serão utilizadas as lentes da História Cultural, uma vez que esta alarga a percepção histórica das práticas culturais, das instituições e estruturas sociais, propiciando um olhar dos processos de construção das representações sociais, das identidades sociais, das memórias mediadas pelo Patrimônio Cultural institucionalizado pelas agências do estado.

No primeiro capítulo, vamos fazer um debate teórico sobre as fases do processo de patrimonialização no Brasil, tendo como foco principal apresentar as principais características da fase heroica e da fase moderna e compreender a atuação dos sujeitos históricos protagonistas nesse processo, bem como compreender quais objetos da cultura material ou práticas podiam ser tocados pelo estado e patrimonializados.

No segundo capítulo, vamos estudar o processo de tombamento do Seminário de Olinda e do Sítio Histórico de Olinda, para verificar, de modo pontual, o momento histórico em que ocorreram as práticas de preservação, guiadas pela fase heroica e pelas práticas de preservação, consideradas modernas.

Ainda no segundo capítulo, vamos estudar o processo de patrimonialização do frevo em Pernambuco para compreender como se deu a caracterização do patrimônio imaterial no Brasil após o Decreto n. 3.551 de 2000.

Portanto, usaremos Olinda como representação desse processo de atribuição de valor para significar o patrimônio que se altera ao longo do tempo.

Num terceiro capítulo, faremos uma análise da trajetória de três intelectuais que muito contribuíram para legitimar as práticas de preservação, tanto iniciais quanto as mais contemporâneas, especialmente em Pernambuco. Estamos falando de Gilberto Freyre, Aníbal Fernandes e Ayrton de Almeida Carvalho que ocuparam cargos ligados a autarquia federal de preservação, pois indicaram objetos da cultura material a serem tombados, ou ainda, foram estrategicamente presentes em processos de tombamento que passavam por pedido de impugnação, sempre atuando em defesa da patrimonialização e viabilizando o patrimônio como tutela do Estado brasileiro.

Por fim, no quarto capítulo, faremos um estudo específico do Forte do Buraco, pois trata-se de um objeto da cultura material, em Pernambuco, que passou por tombamento, destombamento e "retombamento". Com esse processo poderemos compreender melhor a atuação do Sphan em diversos momentos históricos.

Esperamos, com a apresentação desses quatro estudos, ilustrar diferentes momentos da política pública voltada à preservação do patrimônio cultural operada no território de Pernambuco. Mas também evidenciar que as práticas de preservação mudam, quando os olhares sobre o que patrimonializar também muda, mas muitas práticas também permanecem, convivendo no mesmo campo. Ainda que nem sempre em harmonia.

1
A POLÍTICA DE PRESERVAÇÃO

1.1 O PATRIMÔNIO COMO OBJETO

A política de preservação do patrimônio cultural no Brasil passou por transformações ao longo do tempo e assume sentidos diferentes em contextos históricos diversos.

Nessa perspectiva, concordamos com Poulot (2009, p. 230) quando afirma que "o patrimônio não deixa de ser - como havia sido desde sempre – o resultado de um processo consciente de seleção", que corresponde a interesses do contexto histórico e das relações de poder entre os agentes envolvidos. No processo de fabricação do patrimônio, teremos os bens ou as práticas elegidas para serem preservados e legitimados.

De forma semelhante, Gonçalves (1996, p. 89), afirma que:

> [...] as práticas de preservação histórica nas modernas sociedades nacionais estão associadas a narrativas que se configuram como respostas a uma situação social e histórica na qual valores são apresentados sob um risco iminente de desaparecimento.

Portanto, a sensação de perda de um patrimônio pela ação do tempo, por negligência ou vandalismo pressupõe a necessidade de preservação para sua permanência.

No entanto, ainda segundo Gonçalves (1996, p. 89), "é tão somente na medida em que existe um patrimônio cultural objetificado e apropriado em nome da nação, ou de qualquer outra categoria sócio-política, que se pode experimentar o medo de que ele possa ser perdido pra sempre." Ou seja, a narrativa de perda também é fabricada e faz parte das estratégias discursivas que selecionam os bens a serem preservados.

Acompanhando a perspectiva desses autores, compreendemos que as políticas de preservação do patrimônio estão subordinadas à definição prévia da categoria patrimônio e suas mudanças ao longo do tempo de acordo com os interesses, relações de poder e normativas internacionais.

Nessa perspectiva, a institucionalização de políticas públicas para a preservação do patrimônio cultural se inicia no século XX com a construção de um projeto de nação dentro de uma nova ordem política, social e econômica. Para muitos estudiosos, o ano de 1936 marca o início das políticas oficiais do patrimônio no Brasil, pois é quando se articulam mecanismos de proteção legal do patrimônio com amparo jurídico.

Porém, desde a década de 1920 já se articulavam iniciativas com vistas à proteção do patrimônio no Brasil.

Segundo Calabre (2017, p. 35),

> [...] tendo como importantes aliados os modernistas, - isso não significa dizer que grupos mais conservadores ou de outras vertentes de pensamento não tivessem projeto para a área. Havia uma disputa entre algumas correntes acerca do conceito de patrimônio que deveria ser operacionalizado pelo estado.

Portanto, tratava-se de uma campo em disputa não só pela afirmação da definição de patrimônio, mas haviam grupos de intelectuais que visavam sua afirmação, a exemplo dos modernistas que tiveram sua vertente de pensamento sobre o patrimônio capitalizada pelo Estado.

Destarte, foi nos governos estaduais que as primeiras iniciativas concretas aconteceram, por meio das Inspetorias Estaduais de Monumentos Históricos. Entre os estados pioneiros nesse tipo de iniciativa temos Pernambuco, quando em 1928 cria sua Inspetoria Estadual (Rodrigues, 2019, p. 46).

No entanto, observamos a importância dessas instituições, pois de acordo com Delgado (1969, p. 69), a Inspetoria Estadual trouxe:

> [...] convicção muito propalada em Pernambuco, por Gilberto Freyre, Aníbal Fernandes, Luís Cedro e outros, de que devíamos proteger a nossa cultura antiga e herdada. Quando se constituiu, cerca de dez anos depois, um organismo federal de idênticos e ampliados objetivos, o assunto não era, portanto, novidade entre nós

Essa fala nos dá a dimensão da importância da Inspetoria Estadual em Pernambuco e de sua atuação voltada para a proteção da cultura do estado. Entretanto, como outras iniciativas, inclusive em nível federal, as Inspetorias, segundo Santos (2015), esbarraram em questões jurídicas de propriedade, não conseguindo uma atuação efetiva no campo da preservação de bens considerados patrimônio nacional no estado de Pernambuco.

Segundo Fonseca (2005), a primeira iniciativa de criação de um órgão federal de preservação do patrimônio ocorreu em 1930, por iniciativa de Gustavo Barroso, que era diretor do Museu Histórico Nacional. Trata-se da Inspetoria dos Monumentos Nacionais (IMN), que, entre suas funções, deveria inspecionar os Monumentos Nacionais (Chuva, 2017).

Segundo Chuva (2017), as atividades do IMN ficaram restritas a Ouro Preto,

> [...] monumento nacional, onde promoveu e projetou a restauração de imóveis e equipamentos urbanos[...]. Suas atividades encerraram-se com a criação do Sphan. [...] [a principal diferença entre as duas instituições] seria caracterizada pela ausência de autonomia concedida à IMN na definição do patrimônio a ser protegido [...] Ao Sphan, ao contrário, seria concedida autonomia absoluta" (Chuva, 2017, p. 125).

Essa diferença de atuação pode ser, em parte, explicada pelo aparato jurídico trazido pelo Sphan, por meio do Decreto-lei n. 25, de 1937.

Todavia, ainda de acordo com Chuva (2017), o IMN poderia ter funcionado como um primeiro fio de tessitura do que viria a ser desenvolvido pelo Sphan, mas não foi isso que aconteceu. O que ocorreu entre as duas instituições foi uma ruptura brusca que pode ser explicada pelas relações de poder entre os intelectuais envolvidos na gerência dos serviços do Sphan.

Barroso, apesar de fazer parte do Conselho Consultivo da autarquia federal de preservação do patrimônio, vivia em um campo de disputas, em que sua "vertente tradicionalista [...] não detinha capital político suficiente no contexto em que foi tornada hegemônica pelo grupo de Capanema" (Chuva, 2017, p. 132).

Ou preferimos dizer de outra forma: Barroso não era um intelectual modernista, pois os modernistas foram protagonistas nessa primeira fase da política de preservação no Brasil com a criação do Sphan.

As políticas de preservação são guiadas não só por essas relações de poder engendradas em determinados espaços ou instituições nacionais, mas amparadas também em diretrizes internacionais que possam legitimar as práticas de patrimonialização.

Entre essas diretrizes, estão as Cartas patrimoniais que "representam tentativas que vão além do estabelecimento de normas e procedimentos, criando e circunscrevendo conceitos às vezes globais, outras vezes locais" (Cury, 2004, p. 7). Portanto, trazem conceitos e normativas que podem ser usadas nas práticas das políticas de preservação.

Várias foram as cartas e recomendações que influenciaram a legislação brasileira sobre as políticas de preservação. As Cartas de Atenas (1931,1933), que reverberaram no Decreto-lei n. 25, de 1937, pois a primeira orientou a criação de leis específicas que amparassem ações de patrimonialização e garantisse o direito coletivo e a segunda que lidou com o "Urbanismo Racionalista".

Sendo assim, a criação do Decreto-lei n. 25, de 1937, é uma consequência imediata da 1ª Carta de Atenas de 1931. Seu conteúdo já vislumbra os cuidados apresentados pela 2ª Carta de Atenas de 1933, pois a Carta trata do "Patrimônio Histórico das Cidades [...] como testemunhos preciosos do passado que serão respeitados, a princípio por seu valor histórico" (Iphan, 1933, p. 25). Da mesma forma, o Decreto-lei n. 25, de 1937, em seu artigo 1º trata o Patrimônio como Histórico e Artístico e vinculado a fatos memoráveis da história do Brasil.

As recomendações de Paris estão representadas nos artigos 23 e 215 da Constituição Federal, que deliberam sobre a competência do poder público em relação à conservação e sobre a democratização do acesso aos bens culturais.

Temos ainda o Compromisso de Brasília (1970) e de Salvador (1971), estes deliberam sobre a necessidade de ação dos estados e municípios na proteção dos bens culturais. Segundo Jesus (2021, p. 49), esses dois compromissos trazem "descentralização" nas práticas de salvaguarda do patrimônio e reverberam na criação do Programa de Cidades Históricas e o Programa Integrado de Reconstrução das Cidades Históricas do Nordeste.

Considerando a historicidade da política federal de preservação do Patrimônio Cultural, temos a fase considerada heroica, que vai do período da criação do Sphan ao ano de 1966, quando da direção do órgão por Rodrigo Melo Franco de Andrade, temos um momento de transição para a fase considerada moderna. Nesse momento de transição, temos práticas de patrimonialização gestadas, a partir da direção do Sphan por Renato Soeiro, de 1967 até 1979, quando assume o órgão o Aloísio de Magalhães, na fase considerada moderna, que vai de 1979 até 1982. Ainda teremos outros momentos e mudanças nas políticas públicas de preservação do patrimônio quando da configuração do Patrimonio Imaterial, dentre outras reformulações.

1.2 A FASE HERÓICA

Em 1934, com Gustavo Capanema como Ministro da Educação e Saúde Pública é que o patrimônio passa a ser observado como incorporado ao projeto de construção nacional, promovido pelo estado.

Em 1936, Capanema percebe que a política de preservação do patrimônio nacional tratava-se de algo mais abrangente do que, apenas, obras de pintura. Para formular um projeto de lei que oriente essa política pública, ele convida Mário de Andrade para elaborar um anteprojeto que levasse em conta a extensão do território brasileiro e suas facetas. Todavia, o anteprojeto de Mário de Andrade é recusado por não resolver o conflito entre a preservação do bens e os direitos da propriedade privada.

Capanema então chama Rodrigo Melo Franco de Andrade, que formula outro anteprojeto, no qual está descrito o instrumento do tombamento, do registro dos bens culturais em livros de registros – chamados de Livro do Tombo – e da consequente limitação dos direitos de propriedade sobre os bens listados.

Só em 1937 que é criado um órgão federal de preservação, o Sphan, por meio do Decreto-lei n. 25, de 1937, por RMA.

Segundo Fonseca (2005, p. 97), o Sphan passa a funcionar de modo abrangente e com profissionais que atuavam com "posturas claramente inovadoras", contava com um aparato normativo de funcionamento que ia desde um Conselho Consultivo até publicações editoriais que davam sustentação aos discursos usados como justificativa para determinados tombamentos.

Ainda de acordo com Fonseca (2005), a instituição contava com o apoio de suas representações regionais por meio dos distritos.

Desde a articulação para legitimação do Sphan, Rodrigo já pensava em configurar a organização da autarquia nos estados a partir das representações regionais. Não foi possível, de início, sua implantação como havia sido pensada, com oito representações regionais, "Seja pelo pouco orçamento disponível, seja pela dificuldade em identificar pessoas para ocupar as representações regionais" (Rodrigues, 2019, p. 277). As representações regionais acabaram não se concretizando por completo em suas oito divisões, que seriam: 1ª, Rio de Janeiro; 2ª, Belém; 3ª, Fortaleza; 4ª, Recife; 5ª, Salvador; 6ª, São Paulo; 7ª, Porto Alegre; e 8ª, Belo Horizonte[1] (Rodrigues, 2019).

É por meio das representações regionais, bem como de intelectuais específicos, que teremos a atuação do Sphan nos estados. De acordo com Calabre (2017, p. 37), "para as ações em Pernambuco, Rodrigo contou com os serviços de Gilberto Freyre; para o Rio Grande do Sul, com Augusto Meyer; e para a região amazônica, com Arthur Cezar Ferreira Reis. Mário de Andrade produziu estudos sobre São Paulo.

Dessa forma, ainda que as representações regionais não tenham se configurado exatamente como pensado em oito divisões, as que foram formadas cumpriram com o seu papel em regiões específicas do Brasil e com a atuação de intelectuais renomados.

Em Pernambuco, assim como em outros estados do Brasil, a política pública de patrimonialização se deu em consonância com a política federal de preservação, seguindo o que muitos estudiosos do patrimônio identificaram como fases do processo de patrimonialização.

Esse momento inicial de preservação emerge com a criação do Sphan em 1937, quando temos, a partir do instrumento jurídico do tombamento, a patrimonialização de bens da cultural material e que sejam representativos do período colonial e de arquitetura barroca, pois o barroco simbolizava, esteticamente, a identidade nacional brasileira.

Assim, eram tombados, nesse momento, "Monumentos arquitetônicos e obras de arte erudita associados ao passado brasileiro" (Gonçalves, 1988, p. 271). Esse momento de patrimonia-

---

[1] Em 1946, essas representações (e outras) passam a se chamar distritos, em 1976, Diretorias Regionais, em 1990, Coordenações Regionais e, em 2003, Superintendências Regionais.

lização dos bens ficou conhecido, de acordo com Fonseca (2005), como o "patrimônio de Pedra e Cal".

Compreendemos, portanto, que no Brasil a efetividade das políticas públicas de patrimônio ocorrem a partir do Decreto-lei n. 25, de 1937, quando a definição de patrimônio passa a ser:

> Art. 1º [...]o conjunto dos bens móveis e imóveis existentes no país e cuja conservação seja de interêsse público, quer por sua vinculação a fatos memoráveis da história do Brasil, quer por seu excepcional valor arqueológico ou etnográfico, bibliográfico ou artístico. (Brasil, 1937)

Com essa definição, temos na década de 1930 uma ação estatal e uma "febre" de patrimonialização de bens considerados patrimônio, pois os impasses jurídicos que emperravam a priori qualquer tentativa de patrimonializar são resolvidos pelo estatuto jurídico trazido pelo decreto. É importante salientar que a lei fala em "interesse público", portanto existem agentes e intelectuais do estado que vão ter autoridade para dizer quais os bens que interessam ao estado e, assim, fabricar o patrimônio de acordo com as significações atribuídas aos bens.

Se o artigo 1º traz a definição do que deve ser considerado patrimônio, o inciso 1º faz um arremate para dizer que: "Os bens a que se refere o presente artigo só serão considerados parte integrante do patrimônio histórico o artístico nacional, depois de inscritos separada ou agrupadamente num dos quatro Livros do Tombo, de que trata o art. 4º desta lei." (Brasil, 1937).

Sendo assim, o Decreto deixa claro que para ser patrimônio é preciso ser "tocado" pelo Estado, é preciso passar pelo tombamento e ser inscrito oficialmente nos livros que documentam esse ato.

Segundo Fonseca (2005. p. 104-105)

> [...] o decreto-lei nº 25, de 30 de novembro de 1937, elaborado por alguém com larga experiência jurídica, como Rodrigo M. F. de Andrade, estava voltado, basicamente, para garantir ao órgão que

> surgia os meios legais para sua atuação num campo extremamente complexo: a questão da propriedade. [...] A preocupação, nesse caso, não era com o aspecto conceitual ou com o organizacional [...], mas com recursos operacionais que fossem não só legais como reconhecidos como legítimos.

Nesse sentido, a atuação de Rodrigo foi marcada por certo pragmatismo diante da necessidade que tinha a autarquia federal de preservação de funcionar, pois o decreto foi operacional e funcionou como um instrumento jurídico de verdade sobre o que deveria ser tombado (Fonseca, 2005).

Segundo Santos (2013, p. 233), "tudo o que o homem produz ou dota de significação pode ser considerado "bem cultural", mas nem todos esses serão objeto de proteção. O patrimônio cultural protegido é uma construção, baseada na seleção de bens que serão geridos pelas esferas estatais".

Portanto, as políticas de preservação instaladas a partir do Decreto-lei n. 25, de 1937, vão atuar para proteger e salvaguardar apenas os bens patrimoniais que passaram pelo estatuto jurídico do tombamento, o que chamamos de acordo com Dantas (2013, p. 233), de "patrimônio protegido".

De acordo com Fonseca (2005, p. 107),

> [...] na prática dos tombamentos, porém, a prioridade foi dada aos remanescentes da arte colonial brasileira, justificada pelos agentes institucionais como decorrência do processo de urbanização, [...], do saque e comercialização indevidos de bens móveis.

Dessa forma, os bens patrimonializados nesse período acabaram se concentrado na arquitetura religiosa, onde estava muito bem representada essa arte colonial, qual seja, o Barroco, descoberto pelos modernistas.

Segundo Fonseca (2005), os critérios para patrimonialização de um bem eram questionados, porém se sustentava, não por uma cientificidade ou por pesquisas, mas "pela autoridade dos agentes e pela instituição que respondia pelos tombamentos".

Outrossim, compreendemos que os intelectuais, bem como o diretor do Sphan conquistaram por meio de estratégias discursivas e de um aparato institucional, pois além da autarquia federal de preservação, tinham as publicações editoriais, o Conselho Consultivo que agiam de modo complementar ao Sphan, embasando teoricamente a narrativa de bens a serem tombados e deliberando sobre querelas em torno dos tombamentos.

Essas narrativas, sejam em publicações editoriais ou em processos de tombamento contavam com os intelectuais mais renomados, como Gilberto Freyre, Carlos Drummond de Andrade, Manuel Bandeira, Lúcio Costa, dentre outros.

Sobre a justificativa de "salvar" os bens do processo de urbanização ou da comercialização indevida dos bens móveis, Gonçalves (1996, p. 91) fala que havia "um sentido de perda progressiva do patrimônio nacional [que] move a narrativa de Rodrigo". Independentemente da urbanização ou da suposta descaracterização de um bem, o que estava em jogo era "o sentido de perda, assim como a urgência do resgate do patrimônio de arte e história do país" (Gonçalves, 1996, p. 91.).

A narrativa para patrimonializar foi construída, portanto, com esse sentido de perda relacionado aos bens selecionados para tombamento, em sua maioria, nesse primeiro momento da política de preservação, teremos a arquitetura religiosa e militar como os bens representativos desse patrimônio. Esse patrimônio era a representação de uma nação, deixar se perder, descaracterizar, deteriorar era perder um patrimônio que representa a tradição de uma nação e, segundo Gonçalves (1996, p. 98), para Rodrigo era uma "ameaça a própria sobrevivência da nação brasileira portadora de uma 'tradição' e partícipe de uma 'civilização'".

Evidente que essa era uma narrativa que visava mobilizar os sentimentos para viabilizar a atuação do órgão, mas também estratégica, pois era preciso uma narrativa de convencimento que fabricasse, em relação aos bens selecionados para tombamento, sua "excepcionalidade" enquanto representantes de uma tradição, que era colonial, lusa, elitista e branca, mas que naquele momento correspondiam ao ideal de nação que se queria representar, por meio do patrimônio de "pedra e cal".

1.3 A FASE MODERNA

Em 1967 teremos algumas mudanças na política de preservação, em função da transição na direção do então Dphan, quando temos a substituição de Rodrigo Melo Franco de Andrade por Renato Soeiro, o novo diretor da autarquia era um arquiteto que tinha participação em eventos internacionais sobre o patrimônio e, apesar de ser considerado "braço direito" de Rodrigo, Soeiro trouxe contribuições e ampliou a política de preservação de patrimônio no Brasil.

Segundo Azevedo (2017, p. 45), Soeiro era "um dos pioneiros da arquitetura modernista [...] o profissional mais qualificado para gerir o órgão". Tanto é assim que a sucessão teria sido feita num final de semana, sem "alarde" e até de forma silenciosa, pois já era previsível.

Soeiro havia participado de importantes eventos internacionais que atualizavam o conceito de patrimônio e apresentavam dinâmica diferenciada para a política pública de preservação.

Segundo Saporetti (2017, p. 43), "pode-se afirmar que a "fase moderna" da preservação no Brasil começa com Renato Soeiro". A guinada para os tombamentos passa a seguir a política desenvolvimentista e urbana, atrelada às diretrizes internacionais que ampliam o conceito de patrimônio, a exemplo da Carta de Veneza (Icomos, 1964)[2] e das normas de Quito (OEA, 1967)[3].

---

[2] "Carta internacional sobre conservação e restauração dos monumentos e sítios". (Iphan, 1964). Disponível em: http://portal.iphan.gov.br/uploads/ckfinder/arquivos/Carta%20de%20Veneza%201964.pdf Acesso em: 20 ago. 2022.

[3] Documento elaborado a partir da "Reunião de conservação e utilização de monumentos e lugares de interesse Histórico e Artístico" - O.E.A – Organização dos Estados Americanos. (Iphan, 1967). Disponível em: http://portal.iphan.gov.br/uploads/ckfinder/arquivos/Normas%20de%20Quito%201967.pdf Acesso em: 20 ago. 2022. Essa normativa reconhece a importância econômica que representa o patrimônio cultural para o progresso.

Segundo Azevedo (2017, p. 46), "A ampliação do conceito de patrimônio cultural e natural, sua relação com o planejamento urbano e o aproveitamento turístico foram conquistas universais em que o Iphan teve um grande protagonismo". Esse protagonismo é atribuído a Soeiro, pois ele esteve em 1952 na Convenção para a proteção do Patrimônio Cultural, em evento de conflito armado, realizada pela Unesco. Em 1967, foi eleito para o Conselho do Centro Internacional de Estudos para a Conservação e o Restauro de Bens Culturais (ICCROM), participou também da reunião do Conselho Internacional de Monumentos e Sítios (Icomos) (Azevedo, 2017). A participação de Soeiro nos mais diversos eventos e ainda como membro protagonista, atesta sua dinamicidade e atuação no campo do patrimônio. Desses eventos ele incorporou novas orientações técnicas e teóricas para a política de preservação do patrimônio cultural, a exemplo da "Preservação Integrada"; "sustentabilidade" (econômica) dos bens culturais, dentre outras inovações.

Para instrumentalizar essas novas orientações adquiridas por Soeiro, a autarquia federal de preservação passou por uma reorganização administrativa com a criação da Fundação Pró--Memória, que executava obras de restauração e conservação em espaços urbanos.

Na direção do Iphan (ou Pró-Memória), Soeiro foi responsável pelo tombamento de conjuntos arquitetônicos que apresentavam potencial turístico. Olinda é um dos casos emblemáticos nesse contexto. Ao todo, na gestão Soeiro tivemos 130 processos de patrimonialização concretizados.

A política cultural protagonizada por Soeiro utilizava o turismo para agregar valor econômico ao reconhecimento e à valorização do patrimônio cultural, seguindo as normativas internacionais protagonizadas pela Unesco, que viam "os bens do patrimônio cultural [como importantes] [...] na promoção do turismo" (OEA, 1967, p. 7).

Para viabilizar a política de preservação da autarquia federal, Soeiro elaborou um Plano de Ação. Segundo Azevedo (2017, p.47), o plano era composto por cinco capítulos, no primeiro estava a "'filosofia do órgão' [...] O texto prioriza as ações a serem adotadas, começando pela reestruturação administrativa e financeira. [...] propõe uma ampla campanha de conscientização cidadã do que representava o patrimônio como valor cultural". Portanto, seguindo a perspectiva tradicional adotada, a priori por Rodrigo Melo Franco de Andrade.

O segundo capítulo do plano vai "tratar da modernização administrativa" da autarquia federal de preservação, o terceiro capítulo trata da descentralização do órgão, abrindo espaço para as instituições estaduais, o quarto capítulo trata da questão financeira e prevê estratégias de captação de recursos para a sustentação do órgão e, por fim, no último capítulo, se discute o aperfeiçoamento da legislação patrimonial com vistas ao cuidado com os "conjuntos históricos" (Azevedo, 2017, p. 48).

No entanto, o plano de ação de Soeiro foi aplicado parcialmente, alguns entraves são apontados, mas de acordo com Azevedo (2017, p. 49), havia um motivo específico, qual seja: "muitas de suas propostas não avançaram devido ao receio, dentro da própria DPHAN, de fragilizar o Decreto-lei nº 25/1937".

O fato é que Soeiro preparou bem o "terreno", fazendo uma transição da política pública de preservação com algumas inovações, mas sem perder de vista o que havia sido feito por RMA. Assim, em 1979, Aloísio de Magalhães assume a direção do Iphan trazendo outras reformulações e emprestando seu lugar de designer à autarquia.

1.4 ALOÍSIO MAGALHÃES – E A CULTURA POPULAR

Em 1979, temos novas mudanças na política pública de preservação com Aloísio de Magalhães assumindo a direção do Iphan.

Segundo Fonseca (2005, p. 157),

> Em contraponto à ideia de coletar para guardar, para preservar, Aloísio Magalhães propunha a noção de "dinamização da memória nacional"

> [...] Para Aloísio, a atividade de proteção não podia esgotar-se nela mesma. Era necessário pô-la a serviço da sociedade, o que considerava ser também responsabilidade dos organismos culturais.

Isso traz uma dinâmica diferente para as práticas de preservação que deixarão de ser ancoradas no congelamento das edificações e passam a observar: a) a dinâmica econômica onde os bens estão inseridos; b) os elementos da arte (e artesanato) popular e dos saberes tradicionais.

Além disso, segundo Fonseca (2005) os novos agentes institucionais do fim da década de 1970 e início de 1980 no Brasil, tinham um pensamento diferente dos agentes que atuaram na fase patrimonial considerada heroica e protagonizada por Rodrigo Melo Franco de Andrade, pois:

> [...] as ações da política cultural do governo federal deviam se voltar prioritariamente não só para o atendimento das necessidades culturais, como também levar em consideração as necessidades econômicas e políticas dos grupos sociais até então excluídos - simbólica e materialmente – dos benefícios dessa política. Mais que isso: era preciso que essas comunidades passassem a participar do processo de construção e gerenciamento da produção cultural brasileira, inclusive do patrimônio cultural. É pela via da participação social – e não mais pela da seleção rigorosa de bens de valor excepcional - que se vai buscar legitimar a política de preservação dos anos 80. (Fonseca, 2005, p.158)

As práticas de preservação iniciadas na gestão de Aloísio de Magalhães passaram por transformações significativas, mas ficaram mais restritas às formulações teóricas do que propriamente a concretização dessas políticas por vários motivos. O contexto político, ainda do Regime Militar que acabava, por vezes, contradizendo os anseios apresentados nos discursos de Aloísio de Magalhães, a desconfiança de vários setores da sociedade e dos movimentos sociais por compreender que ele representava o governo militar e até mesmo a crítica do setor acadêmico, as suas propostas por considerá-lo segundo Fonseca (2005) um criador e não um intelectual. Mesmo assim, é na sua gestão que temos as primeiras inscrições de cidades brasileiras na lista de Patrimônio Mundial da Unesco, a exemplo de Ouro Preto em 1980.

Embora com todos esses problemas, Aloísio de Magalhães promove rupturas importantes que vão reverberar no significado da categoria patrimônio no Brasil, principalmente com a ideia de participação social, pois é quando teremos movimentos sociais protagonizando pedidos de tombamentos ou reconhecimento de práticas e manifestação sociais que lhes representavam. Portanto, o protagonismo dos pedidos de patrimonialização saem, de certa forma, da tutela do Estado.

Segundo Gonçalves (1996, p. 51), ocorreu a implementação de uma "instituição modernizada de patrimônio", inclusive com a reestruturação administrativa da autarquia federal de preservação que se dividiu em duas, o Sphan e a Fundação Pró-Memória que, de acordo com Gonçalves (1996) em sua estrutura burocrática atuaram de maneira conjunta, mas tinham funções específicas diante da política de preservação.

Segundo Azevedo (2017, p. 58), "A Fundação Pró-Memória tinha as atribuições de definir a política do órgão, selecionar referências culturais e financiar o sistema. A Sphan tinha as funções duras da aplicação da lei: tombar, fiscalizar e embargar".

Assim, a Fundação Pró-Memória estava identificada com a política moderna da autarquia que trouxe os antropólogos dando uma nova guinada nas políticas públicas de patrimônio no Brasil, mas manteve no Sphan os profissionais arquitetos identificados com a política patrimonial referenciada com o patrimônio material.

No entanto, a substituição de patrimônio histórico e artístico por bens culturais e a valorização da cultura brasileira aproxima, segundo Gonçalves (1996), a política cultural, sobretudo, de patrimônio, do povo, pois potencializa o presente em vez do passado.

O passado não é jogado fora, mas a perspectiva com que ele é olhado é o que muda, ele não é resgatado como estanque e imutável, mas indicado como "uma referência que deve ser usada e reinterpretada no presente e com propósitos futuros" (Gonçalves, 1996, p. 52).

É nessa perspectiva que temos, segundo Anastassakis (2017, p. 70), o patrimônio cultural assumindo a implicação de um projeto cultural que implica na "participação e na consideração dos aspectos materiais e imateriais relativos aos processos culturais". Nesse contexto, ganham importância manifestações culturais de matriz africana e indígena, ainda que nesse momento se dê de forma conflituosa.

> Até então, segundo Aloísio de Magalhães, tinham sido valorizados os bens móveis e imóveis impregnados de valor histórico, mas que representavam bens de criação. Daí terem ficado de fora o fazer popular, inserido no cotidiano e que expressava os bens culturais vivos. (Oliveira, 2008, p. 188/189)

Apesar de Aloísio não usar como referência expressões como "cultura popular", ele falava de "bens culturais não consagrados". Aloísio queria, com isso, valorizar manifestações da cultura que até aquele momento não haviam sido visibilizadas, o que dá expansão ao "sentido de patrimônio".

Assim, tivemos, segundo Oliveira (2008), uma diversificação dos bens a serem patrimonializados e um maior protagonismo da sociedade civil e, portanto, dos sujeitos históricos que entravam com os processos em prol do reconhecimento de um bem cultural.

Segundo Oliveira (2008, p. 189), na gestão de Aloísio, ainda em 1982:

> [...] foram empreendidas ações inovadoras, entre as quais pode-se citar a aprovação, pelo Conselho Consultivo do Sphan, em decisão inédita, do tombamento do mais antigo terreiro de candomblé no país, o Casa Branca, em Salvador (BA).

A representação desse tombamento é emblemática, pois se trata de cultura de matriz africana, quando na fase heroica, os templos de religião católica eram os que predominantemente eram patrimonializados. Além disso, esse tombamento é resultado de luta política da população negra que por muito tempo não teve direito ao protagonismo de sua vida e de sua história e esteve à margem da política pública de patrimônio no Brasil e excluída dos ciclos de poder do Estado brasileiro.

Dessa forma, podemos dizer que Aloísio "preparou o terreno" para a perspectiva de política pública de patrimônio que será legitimada a partir do aparato jurídico da Constituição de 1988 e do Decreto n. 3.551, de 2000, quando o saber-fazer passa a ser valorizado.

Sendo assim, vamos compreender como esses momentos da política pública de patrimônio se deram de forma pragmática, tomando Olinda como representação do processo de patrimonialização no Brasil.

Fontes

SPHAN – Serviço do Patrimônio Histórico e Artístico Nacional. Processo de tombamento 0131. **Arquivo Central do IPHAN**, 1938.

Referências

AEZEVEDO, Paulo Ormindo de. Patrimônio Cultural e Natural como fator de desenvolvimento: a revolução silenciosa de Renato Soeiro, 1967-1979. **Revista do Patrimônio**, Brasília, n. 35, 2017.

ANASTASSAKIS, Zoy. A cultura como projeto: Aloisio Magalhães e suas ideias para o Iphan. **Revista do Patrimônio**, Brasília, n. 35, 2017.

BRASIL. **Decreto-Lei n. 25, de 30 de novembro de 1937.** Organiza a proteção do patrimônio histórico e artístico nacional. Diário Oficial da União – Seção 1 – 6 dez. 1937. Página 24056 (Publicação Original).

CALABRE, Lia. O Serviço do Patrimônio Artístico Nacional dentro do contexto da construção das políticas públicas de cultura no Brasil. **Revista do Patrimônio**, Brasília, n. 35, 2017.

CHUVA, Márcia. **Os arquitetos da memória** – sociogênese das práticas de preservação do patrimônio cultural no Brasil (anos 1930-1940). Rio de Janeiro: editora UFRJ, 2017.

CURY, Isabelle (org.). **Cartas Patrimoniais**. Rio de Janeiro: Iphan, 2004.

DANTAS, Fabiana Santos. O Instituto do Patrimônio Histórico e Artístico Nacional (Iphan): um estudo de caso em direito administrativo. **Revista de Direito Administrativo**, Rio de Janeiro, v. 264, p. 223-243, set./dez. 2013.

DELGADO, Luiz. **O mestre e o discípulo**. Dphan. A lição de Rodrigo. Recife: Amigos da Dphan, 1969.

FONSECA, Cecília Londres. O **patrimônio em processo**: trajetória da política federal de preservação no Brasil. Rio de Janeiro: UFRJ; Iphan, 2005.

GONÇALVES, José Reginaldo. Autenticidade, memória e ideologias nacionais: o problema dos patrimônios culturais. **Estudos Históricos**, Rio de Janeiro, v. 1, n. 2, 1988.

GONÇALVES, José Reginaldo. **A Retórica da Perda:** os discursos do patrimônio cultural no Brasil. Rio de Janeiro: Editora UFRJ; Iphan, 1996.

ICOM – Conselho Internacional de Museus. Escritório Internacional dos Museus Sociedade das Nações. **Carta de Atenas**. Atenas: 1931. Caderno de Documentos n. 3: Cartas Patrimoniais. Brasília: Iphan, 1995.

ICOMOS – Internacional Council on Monuments and Sites. **Carta internacional sobre conservação e restauração dos monumentos e sítios**. Iphan, 1964. Disponível em: http://portal.iphan.gov.br/uploads/ckfinder/arquivos/Carta%20de%20Veneza%201964.pdf Acesso em: 20 ago. 2023.

ICOMOS – Internacional Council on Monuments and Sites. Conselho Internacional de Monumentos e Sítios. II Congresso Internacional de Arquitetos e Técnicos dos Monumentos Históricos. **Carta de Veneza.**

Veneza: 1964. Caderno de Documentos n. 3: Cartas Patrimoniais. Brasília: Iphan, 1995.

IPHAN – Instituto do Patrimônio Histórico e Artístico Nacional. I Encontro dos Governadores de Estado, Secretários Estaduais da Área Cultural, Prefeitos de Municípios Interessados, Presidentes e Representantes de Instituições Culturais. **Compromisso de Brasília**. Brasília: 1970. Caderno de Documentos n. 3: Cartas Patrimoniais. Brasília: Iphan, 1995.

IPHAN – Instituto do Patrimônio Histórico e Artístico Nacional. II Encontro de Governadores para Preservação do Patrimônio Histórico, Artístico e Natural do Brasil – Ministério da Educação e Cultural. **Compromisso de Salvador**. Salvador: 1971. Caderno de Documentos n. 3: Cartas Patrimoniais. Brasília: Iphan, 1995.

JESUS, Anderson Bezerra. **As influências das cartas patrimoniais sobre a legislação brasileira de salvaguarda do patrimônio histórico-cultural (1962-1988)**. TCC. Licenciatura em História. Universidade Federal Rural de Pernambuco (UFRPE), Recife, 2021. 64f.

OEA – Organização dos Estados Americanos. Documento elaborado a partir da "Reunião de conservação e utilização de monumentos e lugares de interesse Histórico e Artístico". Iphan, 1967. Disponível em: http://portal.iphan.gov.br/uploads/ckfinder/arquivos/Normas%20de%20Quito%201967.pdf Acesso em: 20 ago. 2023.

OEA – Organização dos Estados Americanos. **Normas de Quito**. Quito: 1967. Caderno de Documentos n. 3: Cartas Patrimoniais. Brasília: Iphan, 1995.

OLIVEIRA, Lúcia Lippi. **Cultura é patrimônio:** um guia. Rio de Janeiro: FGV, 2008.

POULOT, Dominique. *Museu, nação, patrimônio (1789-1815)*. Paris, Gallimard, col. "Biblioteca de histórias", 2009. 406 p.

RODRIGUES, Rodrigo José Cantarelli. **Ante o vandalismo dos homens e os estragos do tempo:** experimentos, preparações e invenções nas práticas de preservação do patrimônio brasileiro. Tese (Doutorado em História) – Universidade Federal de Pernambuco, UFPE, Recife, 2019. 423f.

SANTOS, Diego Gomes dos; PACHECO, Ricardo de Aguiar. Os 40 anos da Fundarpe na política cultural do patrimônio pernambucano (1973-2013). **Mneme** – Revista de humanidades, Caicó, v. 16, n. 36, p. 183-200, 2015.

SAPORETTI, Carolina Martins. **A gestão de Renato Soeiro na direção da DPHAN** (Diretoria do Patrimônio Histórico e Artístico Nacional) (1967-1979). Dissertação (Mestrado em História) – Universidade Federal de Juiz de Fora, UFJF, 2017.

2

A POLÍTICA DE PRESERVAÇÃO DOS ANOS DE 1930 (OLINDA)

2.1 OS PRIMEIROS TOMBAMENTOS

A trajetória de patrimonialização de Olinda pode ser observada em quatro movimentos históricos, são eles: a) A preservação dos bens, de maneira isolada (entre 1938 -1967), que foi a chamada de política de "pedra e cal" (Fonseca, 2005); b) O tombamento do sítio histórico de Olinda (em 1968); c) A ampliação do polígono de tombamento (em 1979), desse momento implicou no tombamento do conjunto arquitetônico e do desenvolvimento da adoção do que a Unesco chama de preservação integrada (Martins, 2019); d) Por fim, o registro das práticas e manifestações do patrimônio imaterial.

O primeiro momento dos tombamentos isolados em Olinda, assim como em outros sítios do território nacional, ocorreu com a patrimonialização de bens da cultura material, sobretudo de edificações religiosa católica.

Entre os anos de 1938 e 1967, foram abertos processos de tombamentos de mosteiros, igrejas, palácio episcopal e residências localizadas no centro histórico da cidade. Todos inscritos no Livro de Belas Artes.

No livro histórico foram inscritos: o Mosteiro e a Igreja de São Bento, a Igreja da Misericórdia, a Igreja de Nossa Senhora da Graça e o Seminário de Olinda, o Palácio Episcopal, a Igreja de Santa Teresa, o Convento e a Igreja de São Francisco, o Convento e a Igreja de Nossa Senhora do Carmo, a Igreja de Nossa Senhora do Monte, a Casa com Muxarabi à Praça João Alfredo e a Casa com Muxarabi à Rua do Amparo.

Esses processos apresentavam argumentos de atribuição de valores arquitetônicos, históricos e artísticos para justificar o tombamento desses bens.

Segundo Fonseca (2005, p. 36), o principal valor atrelado a esses bens, além do histórico, artístico ou etnográfico, é o valor nacional, forjado num "sentimento de pertencimento a uma comunidade, no caso a nação".

Assim, o que era tombado nesse momento, em Pernambuco, seguia a política pública de preservação do Sphan em nível nacional.

"Monumentos arquitetônicos e obras de arte erudita associados ao passado brasileiro", que remetesse à colônia e aos portugueses (Gonçalves, 1988, p. 270) eram patrimonializados com essa narrativa sustentada pelos técnicos e modernistas que atuavam pelo Sphan.

Os técnicos do Sphan atribuíam originalidade na arquitetura barroca. Mesmo os monumentos que não apresentassem arquitetura barroca, mas que estivessem ligados, de alguma forma, a esse passado brasileiro, acabavam passando por patrimonialização.

O caso do Seminário de Olinda é emblemático e representa um estudo de caso. Nos documentos do tombamento percebemos a narrativa que enfatiza o seminário como objeto histórico.

O tombamento do seminário acontece em 1938, a pedido de Aníbal Fernandes, que apresenta o Seminário como: "O estabelecimento de instrução secundária mais completo do Brasil. [...] [e] leva em conta – e muito – o valor histórico dos edifícios." (Processo 131-T-1938, p. 8).

Portanto, a justificativa está atrelada à narrativa predominante nos idos de 1938, para os processos de patrimonialização, que levam em conta o valor histórico do edifício que está relacionado, muitas vezes, com eventos históricos que tiveram o Seminário como palco, a exemplo da guerra contra os holandeses.

Mas esse processo não acontece sem reação. O Arcebispo de Olinda e Recife na ocasião, Miguel de Lima Valverde, vai pedir a impugnação do processo que será apreciado, inclusive, pelo

Conselho Consultivo do Sphan e por intelectuais como Gilberto Freyre e o próprio Aníbal Fernandes para que sua patrimonialização se confirme.

Trata-se de um caso típico em que a autarquia federal enquanto "dispositivo histórico" (Foucault, 1988) de funcionamento engloba discursos, instituições, leis, medidas administrativas, intelectuais renomados que fazem parte das estratégias para patrimonialização de bens pelo Sphan.

No arquivo do Sphan consta os documentos relativos a esse processo de tombamento (Processo 131-T- 1938, p. 2). No dia "18 de Fev. de 1938" foi expedida ao Arcebispo de Olinda e Recife uma notificação sobre o tombamento do Seminário de Olinda e de outros bens. O mesmo documento lembra ao destinatário que, segundo o Decreto-lei n. 25, de 1937, no artigo 9º o prazo para manifestar impugnação do tombamento é de 15 dias a partir do recebimento da notificação, do contrário o tombamento se dará de maneira compulsória.

Segundo o Arcebispo de Olinda e Recife, Miguel de Lima Valverde, em sua resposta ao Sphan sobre a notificação dos tombamentos, ele diz que: "[a] dita notificação veio ao meu conhecimento no Dia 22 do cadente mês de março, dia em que regressei do Rio de Janeiro, onde permaneci desde o dia 18 de fevereiro até aquela data".

O religioso usa essa narrativa de modo documental para justificar a demora em sua manifestação, pois vai se opor ao tombamento de dois bens, entre eles está o Seminário.

Com a fala seguinte, fica evidente que o prazo previsto em lei para impugnação havia se encerrado mesmo.

Segundo Valverde, "como o tombamento em apreço já assumiu o caráter de compulsorio". Compulsório é uma condição de obrigatoriedade do tombamento, prevista no Decreto e citada anteriormente, quando a manifestação não acontece dentro do prazo estabelecido.

Porém, a constatação de Valverde se dá em função de que ele manifesta motivos pelos quais é contra o tombamento de dois bens, entre eles está o Seminário de Olinda.

> O <u>Seminário de Olinda</u>: compõem-se de dois edifícios, um que foi o antigo colégio dos padres jesuítas e o outro de edificação muito mais recente. Do antigo Colégio dos Padres Jesuítas hoje restam as paredes, tendo sido todo ele reformado no ultimo decênio. O seu merecimento arquitetônico é por demais discutível. Funcionando ali os Seminários Maior e Menor desta Arquidiocese, são frequentes os estragos e as consequentes reparações, além de, pela necessidade de melhores adaptações, ser preciso, não raro, fazer obras novas. (Valverde, 1938, p. 5-6, grifos do autor)

O arcebispo explica que o seminário é composto de dois edifícios, sobre o Colégio dos padres Jesuítas ele deixa claro que está em ruínas e que sua arquitetura é questionável. Essa narrativa, claramente, contrapõe-se às justificativas para o tombamento e se contrapõe até mesmo ao Decreto-lei n. 25, de 1937, pois de acordo com o Decreto a edificação material do bem era importante e podia representar períodos memoráveis da história do Brasil.

O arcebispo ainda segue que: "parecendo-me nenhuma vantagem colher a arte religiosa do paiz com o tombamento do Seminário de Olinda" (Valverde, 1938, p. 6).

Ou seja, o religioso tenta não deixar arestas e observa que além da questão arquitetônica discutível, também não tem representatividade expressiva como arte religiosa.

Estava em jogo interesses de ambas as partes: da autarquia federal o interesse de preservação de uma edificação que foi identificada como significativa, mas também da arquidiocese que estava usando o Seminário de Olinda com fins religiosos e, pela fala, o Arcebispo tenta deixar claro que tem motivos para defender seus interesses, pois ele justifica que a tempos vinham sendo feitos reparos e que por estarem se deteriorando os reparos precisavam acontecer constantemente. Ou seja, na concepção do Arcebispo, não era necessário passar toda a burocracia do Sphan para reparos ou reformas, uma vez que o bem, até então, não era patrimônio.

Ao se constituir enquanto patrimônio, os usos e as significações em torno do Seminário vão mudar e o Arcebispo, com sua narrativa, parece temer essas mudanças no trato com o Seminário.

Por isso, o Arcebispo pede a impugnação do tombamento e seguindo os trâmites legais, seu pedido é encaminhado para ser apreciado pelo Conselho Consultivo do Sphan, que deliberava em casos de impugnação.

A partir desse momento, alguns pareceres serão apresentados, por intelectuais pernambucanos que ajudaram a legitimar a patrimonialização dos bens no Estado, dando legitimidade ao Sphan com suas narrativas em defesa do patrimônio edificado, representante da arquitetura religiosa e/ou barroca.

Num parecer, assinado por Aníbal Fernandes e confirmado por Gilberto Freyre, a estratégia de patrimonialização do bem é delineada pela narrativa que localiza o espaço como histórico, relacionado com fatos heroicos e míticos e com a bravura do povo pernambucano.

Segundo Fernandes (1938, p. 8), o lugar tem "interesse histórico indiscutível", pois "durante a guerra hollandeza, foi o seminário theatro de lutas memoráveis, quando os pernambucanos ali se bateram contra o invasor".

Assim, Fernandes pontua, em contraposição ao Arcebispo, que "si o seu merecimento architetonico é discutível", o histórico não o é (Fernandes, 1938, p. 8).

Entra em cena os dois intelectuais (Freyre e Aníbal) que, simbolicamente, têm autoridade para falar e fabricam uma narrativa para resolver o impasse, colocando o seminário como um "lugar de memória" e não é qualquer memória. Trata-se de uma memória que se relaciona com a construção da identidade pernambucana.

Segundo Poulot (1997, p. 36), "escrever esta história (do patrimônio), implica manter juntas várias histórias para melhor compreender a construção do sentido da identidade". Ou seja, reconstituir a trajetória histórica dos processos de construção e destruição desses bens enquanto patrimônio é escrever, também, sobre uma identidade pernambucana.

Tanto é assim que no parecer, assinado por Aníbal Fernandes e legitimado por Gilberto Freyre, não só o seminário é apresentado como um espaço histórico, mas a Igreja de Nossa Senhora da Graça e o palácio episcopal, tombados no mesmo processo. Para cada um, Fernandes enfatiza uma relação com um feito histórico. Se o seminário está relacionado com a luta contra os holandeses, o palácio foi lugar de hospedagem para o "1º bispo diocesano de Olinda", além de contar com um azulejo de uso português e na Igreja de Nossa Senhora da Graça havia sido "sepultada, [...], [a] mulher do primeiro donatário, Duarte Coelho" (Fernandes, 1938).

Dessa forma, as justificativas dos técnicos do Sphan destacam os vestígios memoráveis do passado presentes nos objetos como sendo "traços [que] possuem autoridade pela importância que lhes é conferida" (Candau, 2011, p. 8) se consolidavam como justificativa plausível e suficiente para que a patrimonialização dos bens ocorresse com êxito. Ou seja, a importância está na narrativa fabricada pelos técnicos que atribuem valor e significam o objeto enquanto patrimônio.

Dessa forma, percebemos que nesse momento histórico a patrimonialização no território de Pernambuco, assim como ocorria em outros locais do país, priorizava a arquitetura religiosa. Isso era justificado como sendo "o sentido que tinham as igrejas nas colônias luso-espanholas" ou simplesmente representavam na concepção de Rodrigo Melo Franco de Andrade "um traço da civilização brasileira" (Fonseca, 2005, p. 108).

Segundo Fonseca (2005, p. 109), "os critérios adotados pelo SPHAN eram sustentados não tanto por estudos e pesquisas, [...] mas pela autoridade dos agentes e da instituição que respondia pelos tombamentos".

Também em Pernambuco, foi por meio de intelectuais como Aníbal Fernandes e Gilberto Freyre, "autoridades" que fabricaram uma narrativa para legitimar tombamentos, como no caso do seminário de Olinda, que o patrimônio cultural recebeu valor cultural e legitimidade institucional.

2.1.1 Resistências ao tombamento

Como vimos anteriormente, o Conselho Consultivo foi acionado para resolver o impasse entre o pedido de tombamento por parte do Sphan e o pedido de impugnação por parte do Arcebispo de Olinda e Recife, Dom Miguel de Lima Valverde.

Criado junto ao Sphan, por meio da Lei n. 378, de 13 de janeiro de 1937, o Conselho Consultivo do Sphan é apresentado como órgão que viabilizará o funcionamento da autarquia federal de preservação.

De acordo com a lei de sua criação, artigo 46, inciso 2º

> O Conselho Consultivo se constituirá do director do Serviço do Patrimonio Historico e Artistico Nacional, dos directores dos museus nacionaes de coisas historicas ou artísticas, e de mais dez membros, nomeados pelo Presidente da Republica.

Portanto, o órgão, pela sua formação, tem a função de atuar sempre em concordância para legitimar as ações do Sphan, visto que sua formação contava com presença do diretor da instituição (Lei n. 378, 1937).

Apesar de ter sido criado em janeiro de 1937, é só com o Decreto-lei n. 25, de 1937, que as funções do Conselho são apresentadas de forma pontual. O órgão deve atuar em casos de tombamentos voluntários, em casos de impugnação e quando da retirada de um bem tombado do país (Decreto-lei n. 25, de 1937).

Segundo Chuva (2017, p. 227), o Conselho Consultivo era "locus de ação com poder decisório em casos de conflito". Quando as ações técnicas eram questionadas esse espaço institucional do Sphan produzia "uma retórica legitimadora e consagradora das ações impositivas do SPHAN", dando, assim, legitimidade institucional para as ações do órgão de proteção do patrimônio.

Segundo Chuva (2017, p. 227), "as práticas discursivas adotadas pelo Conselho Consultivo do SPHAN, [...] exerceram papel fundamental, mediante o prestígio e a representatividade de seus membros nos campos intelectual e político". Ou seja, o Conselho como órgão de decisão já tinha em sua formação estratégica sujeitos com o "poder simbólico" que conferia hegemonia ao ato de tombamento diante de qualquer circunstância adversa.

Pelas definições legais e por essa primeira análise da Chuva, talvez se tenha a percepção de que o Conselho tinha apenas uma ação pontual, de legitimação de tombamentos sem muitas consequências. No entanto, não era bem assim, o Conselho agia de forma conservadora em seus discursos e passou a estruturar "solidamente as representações a respeito do valor nacional e da 'eficiência' do decreto-lei nº 25/1937" (Chuva, 2017, p. 229)

Sendo assim, a documentação que registra a ação do Conselho Consultivo nos processos de tombamento de bens no território de Pernambuco nos faz compreender que sua presença foi marcante na política de tombamento e preservação de bens e práticas culturais no Brasil. Suas práticas discursivas faziam a divulgação do conhecimento, a circulação entre os intelectuais e, consequentemente, a produção de novos saberes no campo dessa política de preservação. A autoridade do Conselho e seus integrantes o permitia não só deliberar sobre impugnações e casos considerados polêmicos, mas até mesmo sugerir processos de patrimonialização, corroborando diretamente para a política do Sphan.

Para melhor compreender a atuação do Conselho Consultivo, vamos analisar como se deu sua atuação diante do pedido de impugnação do tombamento do Seminário de Olinda.

O presidente do Conselho Consultivo na ocasião do processo de tombamento do Seminário de Olinda era o senhor Rodrigo Melo Franco de Andrade. Ele distribui o processo que acaba tendo como relator o conselheiro Francisco Marques dos Santos, que delibera favoravelmente sobre o tombamento a partir de seu voto acompanhado de um relatório por ele assinado. O relatório é acompanhado por uma resolução produzida pelos demais conselheiros com a decisão final do órgão.

No Relatório, Francisco retoma os pareceres de Aníbal Fernandes e Gilberto Freyre para justificar com propriedade sua decisão:

> Sustentando, porém, o tombamento, o senhor Dr. Aníbal Fernandes, ex-delegado do Serviço do Patrimônio Histórico e Artístico Nacional, no estado de Pernambuco, emitiu um brilhante parecer, página de história, traçada por esse seguro conhecedor do assunto, a qual desejo incorporar também o meu relatório do mesmo modo que as palavras que lhe acrescentou, abonando-o, o senhor Dr. Gilberto Freyre, cujos profundos conhecimentos de arte e de história se acham comprovados em trabalhos que todo o Brasil aprecia. O referido e erudito sabedor de nossas coisas de arte retrospectiva, Dr. Aníbal Fernandes conhece detalhadamente as edificações em apreço e, embora não tenha sido possível, pela exiguidade do tempo em que tive que elaborar o presente relatório, proceder a verificação de todas as considerações de ordem histórica constantes de seu parecer, penso que nada se lhe poderá opôr de valioso e procedente. Espero pois que, com a máxima imparcialidade, os meus confrades apreciem devidamente a matéria ora submetida ao nosso julgamento, afim de que possamos dar nossa última palavra sobre o assunto. (Santos, 1938, p. 11)

O relator se utiliza dos pareceres de Fernandes e Freyre para deliberar sobre a manutenção do tombamento. Não há, no parecer de Fernandes, que ocupa apenas uma página, qualquer estudo histórico, arquitetônico ou de arte para fundamentar o voto em favor da patrimonialização.

O parecer de Francisco Marques dos Santos é baseado integralmente na autoridade intelectual do "o senhor Dr. Gilberto Freyre, cujos profundos conhecimentos de arte e de história se acham comprovados em trabalhos que todo o Brasil aprecia". Da mesma forma reconhece a autoridade intelectual do "O referido e erudito sabedor de nossas coisas de arte retrospectiva, Dr. Aníbal Fernandes conhece detalhadamente as edificações em apreço". Ou seja, orienta o Conselho Consultivo a agir como uma corte revisora e a aceitar o tombamento sem a necessidade de acrescentar mais argumentos do que a autoridade intelectual dos técnicos que justificaram o tombamento: Aníbal Fernandes e Gilberto Freyre.

Segundo o relator, por falta de tempo, não foi possível um estudo dos bens, mas ao usar os dois intelectuais citados, Santos (1938) compreende ser suficiente para justificar seu voto. Considerando, Freyre e Fernandes, como autoridades em relação aos conhecimentos referentes à arte e a história, ele acredita está dispensado de qualquer outro estudo, ao mesmo tempo, acaba por determinar o caminho que os demais conselheiros devem seguir.

Com o discurso elogioso sobre os dois intelectuais envolvidos, Santos adverte que "nada se lhe poderá opôr de valioso e procedente". Sendo assim, ele estabelece um discurso de verdade sobre o referido tombamento ao capitalizar os pareceres. Mais que isso, utiliza do prestígio e da autoridade intelectual de Freyre e Fernandes para não deixar precedente que possa, por ventura, levar qualquer conselheiro a ser a favor do cancelamento do tombamento.

De acordo com a Resolução fornecida pelo órgão: "O Conselho Consultivo do Serviço do Patrimônio Histórico e Artístico Nacional, por unanimidade de votos, resolve julgar improcedente a impugnação do tombamento do Palácio Episcopal e do Seminário de Olinda" (Processo 131-T – 1938, p. 12).

Como se tratava de impugnação contra um ato de tombamento da autarquia federal de preservação, é perceptível que o Conselho apresenta unanimidade em seus votos.

Além disso, a legitimação para o tombamento do Seminário de Olinda contou com pareceres, aqui já falados, de Aníbal Fernandes e Gilberto Freyre e deliberação do Conselho Consultivo com a resolução citada acompanhada dos votos dos conselheiros, que, de maneira unânime, votam "afim de manter e tornar definitivo o referido tombamento" (Brasil, 1938, p. 12).

No entanto, como já dissemos, o Conselho Consultivo fazia sugestões. Nesse caso específico, o Conselho sugere "que sejam tomadas as providências necessárias para o tombamento do conjunto arquitetônico paisagístico da colina de Olinda, afim de preservá-lhe a feição histórica e os aspéctos naturais." (Brasil, 1938, p. 12). Ou seja, por sugestão do Conselho, o bem tombado foi ampliado.

A resolução, com texto resumido, mas assinada por renomados intelectuais, desde arquitetos, advogados e literatos como Manuel Bandeira, faz o arremate final e vota a favor da manutenção do tombamento de dois bens, entre eles está o Seminário de Olinda. Com essa decisão, o ato de tombamento e a autoridade do Sphan é mantida e preservada.

Entretanto, se o texto em relação à deliberação do tombamento apresenta narrativa pouco significativa, uma vez que os pareceres de Fernandes e Freyre, somados ao relatório de Francisco Marques dos Santos, "falam por si só" e já são suficientes para resolver o impasse em relação à manutenção do tombamento. Curiosamente, o Conselho Consultivo sugere uma prática de patrimonialização de conjunto que, apesar de só ocorrer na década de 1960, apresenta a potencialidade do Conselho, seus interesses com o patrimônio e a visão ampla que tinham os conselheiros em torno do patrimônio de "pedra e cal". Além disso, a sugestão do Conselho parece ser uma atitude no sentido de contrariar o Abade ou qualquer autoridade religiosa que ouse tentar impugnação de qualquer processo de patrimonialização protagonizada pelo Sphan.

A trajetória de patrimonialização do seminário de Olinda, apresentada aqui, demonstra como ocorreu a patrimonialização dos bens em Pernambuco, nos primeiros tempos do Sphan, ou na fase considerada heroica.

2.2 A POLÍTICA DE PRESERVAÇÃO DOS ANOS 1970 E A PRESERVAÇÃO INTEGRADA (EM OLINDA)

Na década de 1970 observamos algumas mudanças em torno das práticas de preservação pela autarquia federal. Será a partir dessas mudanças que teremos alterações nos debates teóricos sobre o patrimônio cultural que se desdobram em novas práticas de preservação.

De acordo com Chuva (2017, p. 144/145),

> A ampliação da noção de patrimônio, processada notadamente a partir do final da década de 1970 e começo da de 1980, no Brasil e no mundo, foi acompanhada de uma ampliação da ação pública relativa à preservação cultural, com o aumento significativo da rede de agentes e agências de poder envolvidos com a temática. Foi nesse período que a agência estatizada brasileira em nível federal ampliou suas redes de forma considerável, criando novas sedes regionais, do mesmo modo que os poderes municipais e estaduais começaram a atuar nesse âmbito, patrocinando institutos e conselhos de preservação patrimonial em suas esferas político-administrativas.

Entre a década de 1970 e 1980 se configura no Brasil a fase moderna das políticas públicas de patrimônio. É quando a autarquia federal de preservação diversifica suas sedes regionais e passa a ter a colaboração mais efetiva de estados e municípios, pois não dava conta de gerir as políticas de patrimônio sem o apoio das esferas estaduais e locais.

A ampliação da noção de patrimônio levou objetos da cultura material que antes não eram configurados enquanto patrimônio a serem, nesse momento, patrimonializados. Era preciso, portanto, outros agentes e agências do patrimônio para dar conta de tamanha diversidade.

Assim, inspirado nas Normas de Quito (1967) e nos Compromissos de Brasília (1970) e Salvador (1971), o governo federal cria o

Programa Integrado de Reconstrução das Cidades Históricas (PCH) (Fonseca, 2005). Este cria um fundo de crédito que viabiliza obras de reforma e restauro de edificações com reconhecido valor histórico cultural. Como contrapartida, pede que essas intervenções deixem as edificações em condições de uso para atividades comerciais com ou sem fins lucrativos. Fruto dessa iniciativa, diversas edificações tombadas são adaptadas para receberem centros culturais, feiras de artesanato, escritórios de órgãos públicos e privados.

Segundo Fonseca (2005), nesse momento era preciso articulação com os estados, pois percebeu-se que o Sphan não dava mais conta de atender às novas práticas de preservação. O então ministro de Educação e Cultura, Jarbas Passarinho, passou a compreender que era preciso, diante das novas demandas, dividir a responsabilidade, pelas práticas de preservação do patrimônio, com os estados.

Nessa conjuntura, Pernambuco vira palco de uma política cultural de diversas inciativas de preservação. Segundo Santos e Pacheco (2015), Pernambuco foi supostamente "anfitrião do PCH (Programa Cidades Históricas), com a sede local no Recife" (Santos; Pacheco, 2015, p. 189).

É nesse contexto que temos, em 1968, o tombamento do conjunto arquitetônico e paisagístico de Olinda, em 1979, a ampliação do tombamento do conjunto. Nos deteremos a analisar esses dois momentos da patrimonialização de Olinda que se inicia na década de 1960, num período de transformações das práticas de preservação, até a década de 1970.

2.2.1 O tombamento integrado: tombamento do conjunto arquitetônico de Olinda e ampliação (1968/1979)

O tombamento do conjunto arquitetônico incluía o conjunto dos casarios. Estiveram envolvidos arquitetos, como Lúcio Costa, e intelectuais, como Ayrton de Carvalho, para a fabricação de um discurso competente que justificasse a constituição do polígono do tombamento. Para isso, foram mobilizadas a ideia de turismo sustentável e defesa da paisagem frente a construções arbitrárias que pudessem, de alguma forma, ser invasivas e modificar a visão patrimonial que se tinha de Olinda.

Em 1962 temos a abertura do processo 674-T-62 para o tombamento do conjunto urbanístico, paisagístico e arquitetônico de Olinda. A conclusão se dará em 1968. Entre os documentos do processo, temos o pedido de tombamento com justificativa produzida pelo arquiteto Augusto da Silva Telles e endereçado ao Dphan na pessoa do Superintendente Regional Ayrton de Carvalho.

Telles pede que seja incluído no tombamento "o traçado urbano existente e a vegetação" e ainda regulamenta futuras construções ao dizer que "Todas as novas edificações a serem feitas nesta área, deverão ocupar, no máximo, 25% dos respectivos terrenos" (Iphan, 1962, p. 2). Aqui percebemos a preocupação com o crescimento urbano que possa, por ventura, trazer uma visão diferente para Olinda, preservar a vegetação, o entorno, são estratégias para uma limpeza visual em torno do patrimônio edificado.

Essa é uma narrativa que já traz indícios das mudanças que lentamente influenciavam o campo do patrimônio, mas que se concretizam a partir de normas e regulamentos, tal qual as Normas de Quito (1967).

De acordo com as Normas de Quito, documento produzido na reunião da OEA (organização dos estados americanos) sobre conservação e utilização de monumentos e lugares de interesse histórico e artístico, estabelecem que o espaço "deve se estender ao contexto urbano, ao ambiente natural que o emoldura e aos bens culturais que o encerra" (Normas de Quito, 1967, p. 2).

Dessa forma, temos a ampliação do conceito de espaço a ser preservado, estendendo para o espaço urbano e natural, o que justifica, em parte, o tombamento de Olinda enquanto sítio.

Mas é preciso atentar também para outras justificativas, por exemplo, "a noção de patrimônio urbano [que] se constitui contra o processo de urbanização dominante" (Meneguello, 2000, p. 2).

Portanto, havia o medo de que a urbanização trouxesse descaracterização para o patrimônio edificado em Olinda.

No mesmo documento, Telles traz, para dar autoridade à sua narrativa, a opinião do arquiteto Lúcio Costa sobre Olinda. Segundo Telles, o arquiteto sugeriu "a inscrição com tombamento, também com caráter arquitetônico, das edificações de alguns logradouros". O arquiteto fazia parte do Sphan desde sua fundação, pois era chefe da Divisão de Estudos de Tombamento (Calabre, 2017). Entretanto, de acordo com Martins Costa, ele era mais que isso, "era um chefe técnico de todo o patrimônio" (Martins Costa, 2005, p. 290)

Segundo Chuva (2017, p. 206), "Na década de 1930, Lúcio Costa tornou-se um dos personagens fundamentais no processo de profissionalização do arquiteto, [...]. Já era um arquiteto de renome". Portanto, intelectualmente, no campo da arquitetura, suas posições no Sphan eram respeitadas e por vezes inquestionáveis.

Se apropriar da narrativa de Lúcio Costa faz com que o pedido de tombamento do Sítio Histórico de Olinda seja justificado por intelectual que representava o discurso técnico sobre a arquitetura a ser tombada. Ideologicamente, ele era mais que um arquiteto com discurso técnico, porém o que importava era que sua narrativa estabelecia um discurso de verdade sobre o tombamento arquitetônico e paisagístico de Olinda. Portanto, apropriar-se da narrativa de Lúcio em prol do referido ato de patrimonialização é estratégico e marca o campo de autoridade desse intelectual dentro da autarquia federal de preservação.

Após resposta positiva do arquiteto Luís Menezes, Telles envia formalmente um pedido oficial de tombamento e, nele, além das sugestões de Lúcio Costa, também constavam as sugestões de tombamento por parte de Luís Menezes. Por fim, o pedido de tombamento apresenta uma narrativa de preocupação com construções modernas que poderiam ser uma ameaça à parte histórica de Olinda. Sendo assim, Telles reitera a necessidade do tombamento como um ato de salvação quando afirma:

> Com suas faldas e vertentes, suas praças, seus jardins e cercas conventuais, verdejantes de árvores e coqueiros, a cidade ainda aparece, hoje, imersa e envolvida/ em densa arborização que a enfeita e lhe confere graça excepcional. [...] Cremos, por isto, que ainda é tempo de salvar-se Olinda, e urge que isso se faça rápido, antes que a febre imobiliária a descubra e a desfigure por completo. (Telles, 1967, p. 5)

Na década de 1930, o risco era de deterioração de uma arquitetura, por vezes, desgastada, porém, na década de 1960, o risco estava em processos de modernização advindos da urbanização e/ou da especulação imobiliária. Nesse contexto, era preciso atentar para o patrimônio integrado, o que configura as políticas de preservação, quando "transformaram a conservação urbana em estratégia de agregação de valor à economia urbana das localidades" (Lapa; Zancheti, 2012, p. 31). Essa política se consolida por volta da década de 1980, mas é na década de 1960 que ela se inicia e se define a partir da associação do patrimônio com o turismo como "tábua de salvação".

Sendo assim, Olinda terá seu tombamento confirmado em 1968, após reuniões entre o Conselho Consultivo da autarquia federal de preservação e o Conselho Estadual de Cultura. Assim, o relator, o senhor Paulo Tedhim Barreto, delibera em parecer:

> Opinamos pois, pelo tombamento da cidade de Olinda nos limites fixados conjuntamente pelo autor da proposta, arquiteto Augusto da Silva Telles em saudável colaboração com o engenheiro Ayrton Carvalho e os arquitetos Lucio Costa, Paulo Thedim Barreto e José Luís da Mota Menezes. (Barreto, 1967, p. 14)

Os demais conselheiros vão seguir o voto do relator e, por unanimidade, vão confirmar o tombamento nos moldes articulados estrategicamente não só por Telles, mas como deixa claro o relator, o tombamento e seu traçado teve a colaboração de vários intelectuais, renomados, que faziam parte das práticas e das políticas de tombamento da autarquia federal de preservação.

A finalização de todo o processo se dá em 1968, quando Renato de Azevedo Soeiro já era o diretor da autarquia federal de preservação e com ele surgia os indícios de mudanças nas práticas preservacionistas, das quais Olinda é representativa com esse tombamento. Assim, é Soeiro quem notifica o prefeito de Olinda sobre o tombamento do conjunto urbanístico, paisagístico e arquitetônico.

Após esse processo de patrimonialização, uma questão marca as mudanças nas práticas de preservação: "O que fazer com os bens tombados?" (Pacheco, 2017, p. 7). É nesse momento que temos a operacionalização do "tal" tombamento integrado.

Tanto é assim que em 1972, quatro anos após o referido tombamento, Augusto da Silva Telles envia informação ao Ministro da Educação e Cultura, no qual diz que:

> A preservação do setor histórico de Olinda impõe-se, tanto por seu valor cultural, pelo culto à tradição, como por constituir capital inestimável à indústria do turismo, e do turismo cultural que no momento, constitui meta cultural a se dinamizar no país. (Telles, 1972, p. 36)

Não por acaso, a narrativa de Telles nos faz lembrar do Plano Estratégico de Ação de Soeiro quando era diretor da autarquia federal de preservação em 1968. Segundo Azevedo (2017, p. 47), "Esse documento prova cabalmente que a expansão silenciosa do patrimônio na década de 1970 foi planejada" pelo Soeiro e consistia em cinco capítulos que tratavam, dentre outras coisas, da organização administrativa e financeira do órgão.

No segundo capítulo do Plano, Soeiro demonstra preocupação com a questão urbana: "o surto de desenvolvimento [...] [obrigou] a DPHAN à mobilização de técnicos para o exame e o acompanhamento desses projetos, além daqueles de sua própria iniciativa, visando a defesa e a valorização de bens e sua integração no plano nacional de turismo cultural" (Soeiro, 1968 s/p. apud Azevedo, 2017, p. 48).

Dessa forma, o patrimônio passa a ser integrado à atividade econômica por meio de um plano nacional que focava o turismo cultural, inclusive como forma de angariar recursos para sustentação e restauração dos bens tombados, além de trazer significados diferentes para os bens tombados, estes passam a ser vistos de maneira integrada.

Soeiro seguia normativas nacionais, visto que se organizava no país o Plano Nacional de Turismo, este estava em consonância com cartas e normativas relacionadas ao patrimônio a nível internacional, mas que tiveram sua participação ativa, por exemplo, a Convenção para a Proteção do Patrimônio Mundial, Cultural e Natural, que de acordo com Azevedo (2017) amplia a importância dos sítios e não mais do monumento isolado. Para consolidar a guinada nas novas práticas de preservação, a Declaração de Amsterdam, de 1975 "defendia o princípio da conservação integrada" (Azevedo, 2017, p. 51).

Nas palavras de Soeiro, "novas obrigações, que se traduzem na necessidade de organização de planos de conjuntos urbanísticos, visando a preservação e o desenvolvimento dos núcleos históricos [...] providências essas que definem uma segunda fase de atividades para o órgão" (Soeiro,1968 apud Azevedo, 2017, p. 51). A fala de Soeiro confirma e define as mudanças nas práticas de preservação ancoradas no patrimônio integrado.

Sendo assim, a preocupação de Telles, em relação a Olinda, faz parte desse contexto de transformações nas práticas de preservação protagonizadas por Soeiro e todas as normativas com as quais ele e a autarquia federal de preservação estavam engajados.

Nesse contexto, temos em 1979 a ampliação do Polígono do tombamento de Olinda a partir da concepção de proteção do entorno. A categoria entorno, no Brasil, não apresenta uma definição consolidada, mas complexa. Segundo Fonseca (2005, p. 199), a categoria esteve relacionada com "a visibilidade do bem" ou com "a manutenção de uma ambiência", mas sem uma delimitação espacial do que caracterizaria essa visibilidade ou essa ambiência. Sendo assim, o entorno de Olinda foi definido pelos técnicos, conselheiros e diretores, gerando sempre conflitos e dúvidas sobre os limites espaciais.

No entanto, segundo Martins (2019), a questão do entorno ainda não havia sido suficiente para garantir a proteção de Olinda, enquanto conjunto, era preciso a sistematização da preservação a partir de um plano integrado.

Segundo Soeiro, o plano integrado vai ser uma iniciativa do poder público municipal de Olinda, financiado pelo Serfhau (1972). Segundo Martins (2019, p. 101), trata-se do "Serviço Federal de Habitação e Urbanismo, [...] era o órgão responsável pelo gerenciamento e modernização das cidades ao longo dos anos de 1960 e 1970".

De acordo com Bacelar (2019, p. 18), o Serfhau foi o "primeiro órgão federal com a atribuição de elaborar e coordenar a política nacional de planejamento local, [...] [seus planos tinham um] escopo mais amplo e compreendiam os aspectos econômico, social, físico e institucional", funcionando, dessa forma, como um instrumento de institucionalização do planejamento urbano que vai sedimentar o patrimônio integrado.

Ainda de acordo com Martins (2019), para que o plano fosse implantado, alguns entraves ocorreram, da Serfhau com instituições olindenses e com a legislação que trata da preservação de bens culturais.

O Plano de Desenvolvimento Local Integrado de Olinda (PDLI) representa bem o tombamento integrado, sua definição e as novas diretrizes relacionadas com o tombamento integrado.

Segundo Bacelar (2019, p. 18), o Plano estava incluído no contexto do turismo cultural apregoado por organismos nacionais e internacionais e que tinham "o tripé Planejamento Urbano, Conservação e Turismo cultural". Dessa forma, temos a definição de tombamento integrado, quando os bens culturais estão associados ao planejamento urbano e ao turismo cultural, ou seja, há a associação do patrimônio com o desenvolvimento econômico do lugar.

De acordo com Bacelar (2019, p. 19), o Plano de Desenvolvimento Local Integrado de Olinda foi "o primeiro documento, após o relatório do consultor da Unesco, Michel Parent, publicado em

1968, a propor a exploração do turismo cultural no sítio histórico de Olinda como meio de alavancar a economia local".

Parent foi o representante da Unesco que fez o relatório final após uma comissão de técnicos viajarem pelo Brasil entre 1966/1967 com o objetivo de "estudar a proteção e valorização do patrimônio cultural brasileiro em perspectivas de desenvolvimento turístico e econômico" (Delgado, 1974, p. 76).

Portanto, a concepção de patrimônio integrado representada a partir do PDLI de Olinda está contextualizada em definições sustentadas, entre outros órgãos, pela Unesco, que agia conforme as normativas de Quito (1967), aqui já citadas.

Segundo Bacelar (2019), outro evento que referenciou essa guinada na concepção de patrimônio integrado foi o "Simpósio pan-americano de preservação e restauração de monumentos históricos, realizado em 1965 na cidade de St. Augustine na Flórida". Esse simpósio inaugura a ideia de turismo cultural baseada na tríade aqui já citada, que associa o turismo com a conservação e o planejamento urbano (Bacelar, 2019).

Com isso, compreendemos que o patrimônio integrado era uma definição que estava referenciada por transformações que ocorriam e eram representadas em normativas internacionais que refletiam nas práticas de preservação no Brasil.

O Simpósio de St. Augustine e a Reunião de Quito tiveram o protagonismo de Guillermo de Zéndegui, presidindo o primeiro evento e sendo secretário técnico no segundo. Zéndegui tinha relação amistosa com Renato Soeiro, com a Dphan e com a Empresa Brasileira de Turismo (Embratur) (Bacelar, 2019). A relação entre os dois intelectuais, o brasileiro Soeiro e o cubano Zéndegui explicam o alinhamento de Soeiro com as práticas de preservação e a associação das novas diretrizes ancoradas no turismo cultural e no planejamento urbano. Pois, ainda que na ata final do Simpósio de St. Augustine a questão do turismo cultural não estivesse presente como algo que subsidiaria financeiramente os planos de desenvolvimento urbano, foi numa participação específica, no referido evento, que Zéndegui explicitou a importância do turismo cultural como fundamental para o uso econômico do patrimônio (Bacelar, 2019).

Entretanto, é com as Normas de Quito que essa concepção da política de preservação atrelada ao turismo cultural se consolida.

O encontro de Quito ocorreu de novembro a dezembro de 1967, no Equador, e segundo Bacelar (2019) havia sido uma recomendação do Simpósio de St. Augustine. Se as Normas resultantes do encontro de Quito já refletiram no tombamento de Olinda enquanto sítio, como referenciamos lá atrás, influenciaram ainda mais o tombamento integrado.

O conteúdo presente nas Normas de Quito, segundo Bacelar (2019), é oriundo do que foi proferido, no evento, por Zéndegui. Entre as normas está a solução conciliatória que propõe planos reguladores ou de ordenação referentes ao planejamento urbano e sua associação com a questão patrimonial. No item V da referida Norma, que se refere ao patrimônio monumental, o documento é claro ao dizer "que os monumentos de interesse arqueológico, histórico e artístico constituem também recursos econômicos da mesma forma que as riquezas naturais do país" e por isso, para que sejam adequadamente preservados devem ser incluídos nos planos de desenvolvimento. (Normas de Quito, 1967, p. 4)

No item VI das Normas de Quito fica ainda mais evidente a associação entre o patrimônio e a questão econômica que define o patrimônio integrado, pois trata da valorização do patrimônio cultural a partir da incorporação do valor econômico e logo em seguida, no item VII, é apresentado o turismo como lócus de articulação para a incorporação do valor econômico. No documento, a partir de exemplos de como aconteceu na Europa a associação do turismo com o patrimônio e das recomendações da Unesco sobre a temática, é evidenciado os benefícios tanto para o desenvolvimento da indústria do turismo, como a "tábua de salvação" para a preservação do patrimônio que é feita com recursos dessa associação.

Todavia, as Normas de Quito reiteram, por vezes, que a integração entre turismo e patrimônio deve ser feita a partir de plano de desenvolvimento, influenciando diretamente o tombamento integrado de Olinda e consequentemente o seu PDLI.

Segundo Bacelar (2019, p. 55), antes do evento de Quito, temas como "desenvolvimento econômico, planos diretores e turismo cultural" não faziam parte das preocupações de Soeiro na gestão do patrimônio no Brasil, porém, após o evento passaram a figurar em suas preocupações e marcaram sua gestão.

Tanto é assim, que numa publicação da *Revista de Cultura do Conselho Federal*, Barata (1970) apresenta as mudanças sugeridas por Soeiro e que deveriam ocorrer com a autarquia federal de preservação, inclusive para cumprir com as normas do Decreto-lei n. 200, de 25 de fevereiro de 1967. Entre as mudanças está a reestruturação da autarquia com o aumento da quantidade de distritos, reformulação dos quadros administrativos e técnicos e a preocupação com a questão econômica e o desenvolvimento urbano quando Soeiro diz, em seu relatório apresentado em 1969,

> São perfeitamente conciliáveis as iniciativas visando o desenvolvimento dos centros urbanos e rurais com a proteção, a preservação e a revalorização da paisagem e dos monumentos e demais bens de valor histórico e artístico ali localizados. (Soeiro, 1970, p. 180)

Portanto, Soeiro já demonstra preocupação com o desenvolvimento urbano e a conciliação entre a proteção de bens tombados e o desenvolvimento econômico. No ano seguinte, no encontro de governadores de Brasília em 1970, Soeiro incluí nas discussões a articulação com o turismo quando em seu discurso na abertura do evento, sobre preservação, fala em desenvolvimento urbano, mas dessa vez diz que deve haver o "aproveitamento turístico e cultural" (Soeiro, 1970, p. 17).

Apesar das discussões em relação às políticas de preservação do patrimônio e sua relação com o desenvolvimento urbano e o turismo cultural, o documento resultante do encontro de Brasília não traz em seu Compromisso, documento resultante do I encontro de governadores, essa articulação com o turismo. Percebemos que o Compromisso de Brasília enfatiza a articulação e a função dos estados e municípios junto à autarquia federal de preservação em ações efetivas de proteção do patrimônio.

No II encontro de governadores, que aconteceu na Bahia em 1971 e que resultou num documento chamado de Compromisso de Salvador, temos de maneira contundente a articulação do patrimônio com o desenvolvimento urbano e o turismo, inclusive com evidente indicação de planos diretores e recomendação de desenvolvimento da indústria do turismo.

Nos Anais do II encontro de governadores é possível perceber a importância, dada no evento, ao planejamento urbano, por meio dos planos diretores como "potentes instrumentos de defesa do patrimônio histórico e artístico" desde que sistematizado a partir de instituições comprometidas e seguindo a legislação federal e uma legislação municipal específica (MEC, 1973, p. 138).

Segundo Brasileiro (1973, p. 263):

> Em face das dificuldades econômicas de conservar e restaurar o acervo excepcional de monumentos nacionais, deve-se adotar uma política de valorização que permita a integração do monumento no ambiente urbano, buscando soluções autofinanciáveis.

Ou seja, propõe-se que esse desenvolvimento urbano ocorra de maneira integrada ao patrimônio, uma vez que há uma carência de recursos para sustentar uma política pública de proteção e restauração do patrimônio, a alternativa é que seja instituída uma política nacional sobre o turismo que possa ser articulada à necessidade de preservação de patrimônios.

É nesse contexto que o PDLI de Olinda constitui um avanço nas políticas públicas de preservação ancorado no tripé Planejamento Urbano, Conservação e Turismo Cultural.

Resultado do tombamento integrado promovido pelo Iphan no ano de 1979.

2.3 SOBRE A FUNDARPE

Nesse contexto de atuação dos estados e municípios frente às políticas públicas de preservação do patrimônio, temos em 1973, em Pernambuco, a Fundação do Patrimônio Histórico e Artístico de Pernambuco (Fundarpe).

A criação da Fundarpe foi articulada pelo governo de Pernambuco, pois era preciso uma instituição local para agir junto ao PCH. (Santos; Pacheco, 2015).

Em 1974, a Fundarpe passa a atuar, porém com limitações e burocracia muito menores que um órgão da administração direta, posto que é constituída como fundação de direito privado. Só em 1979 é que a Fundarpe passa a ter protagonismo e centralidade no campo da cultura em Pernambuco, pois nesse momento já existia um aparato sistemático de organização do tombamento no estado com o auxílio do Conselho Estadual de Cultura e a Secretária de Turismo, Cultura e Esportes (Santos; Pacheco, 2015).

A atuação da Fundarpe com financiamento do PCH foi inicialmente em relação a Olinda. O objetivo era de reconstrução de Olinda a ponto de apresentá-la como cidade histórica, emblemática em relação ao passado colonial no Brasil.

Nesse momento, o barroco colonial segue como é, representativo para a nação. Assim como a importância ainda é dada aos bens da cultura material, portanto os objetos de "pedra e cal" ainda são os mais importantes. Mas o que fazer com esses objetos patrimonializados é o que muda e dá o "tom" das práticas de preservação.

Portanto, nesse contexto, os processos de novas solicitações de tombamento se reduzem significativamente em Pernambuco. O foco da política pública de preservação do patrimônio cultural passa a ser o restauro e reformas das edificações – inseridas no livro de tombo no momento anterior – com vista a torná-las aptas a receber atividades econômicas que garantam a sua manutenção.

Nesse momento, já tínhamos a Recomendação de Paris de 1962 e a Carta de Veneza de 1964, que fazia "uma revisão do conceito de patrimônio que deixava de ser a expressão da identidade nacional para se converter em uma herança comum de todos os povos" (Azevedo, 2017, 51). O documento possibilitou ressignificações, críticas e questionamentos em determinados procedimentos de patrimonialização de bens. Além disso, os dois documentos tratavam da salvaguarda de paisagens e sítios históricos, o que significa que o patrimônio urbano passa a ganhar importância e será considerado um "bem de significação cultural" (Meneguello, 2000, p. 2).

A partir desses documentos, outros foram formulados no Brasil, fazendo surgir, de acordo com Meneguello (2000), a preocupação com o entorno ou o conjunto. Foi a partir dessas diretrizes que tivemos o tombamento do conjunto arquitetônico de Olinda, outrora já sugerido, como vimos pelo Conselho Consultivo do Sphan em 1938.

No caso das intervenções realizadas pela Fundarpe, as lacunas, os questionamentos e as críticas eram ainda mais problemáticas, pois não se tratava de tombamento, mas de obras de restauro. Do ponto de vista de muitos, essa intervenção significou a descaracterização de alguns objetos em função de um discurso que se queria atualizar.

Exemplo disso são as restaurações da Igreja da Sé, de Olinda, da Igreja de Nossa Senhora das Graças, dentre outros bens que na "força e na marra" saíram de estilos diferenciados, como o eclético, para se transformar em obra de barroco colonial.

Segundo Menezes (2008, p. 48), no caso da Sé de Olinda, "os que conheceram a Sé e viram o resultado, não acompanhando as obras, passaram a dizer que a edificação tornara-se uma invenção da Fundarpe e do Iphan".

Se na década de 1930 bastava o discurso de verdade e fabricação do patrimônio edificado nos bens da cultura material sob a invenção de autenticidade de um barroco, a partir da década de

1970, a narrativa não era suficiente, pois os bens, a exemplo da Sé de Olinda, não se configuravam em estilo barroco, por isso era preciso fabricar o bem enquanto barroco por meio da restauração, para assim alimentar o objetivo do PCH e consequentemente de transformação de Olinda em Cidade Histórica nos moldes do Programa.

Nessa primeira década de atuação da Fundarpe, as práticas de preservação se utilizam de objetivos velhos e ancorados numa narrativa já conhecida, embora a finalidade fosse ainda mais abrangente.

Essa que pode ser considerada a primeira fase de atuação da Fundarpe, caracteriza parte da segunda fase desse estudo em relação às práticas de preservação. O primeiro decênio da Fundarpe esteve focado nas intervenções físicas sobre as edificações tombadas.

No entanto, precisamos considerar que desde o fim da década de 1960, com Renato Soeiro como diretor da autarquia federal de preservação do patrimônio, temos objetivos diferentes nas políticas públicas de patrimônio e ainda que a narrativa sobre o barroco seja preservada, a guinada agora não era mais para os bens de maneira isolada e sim para os "sítios urbanos e naturais", como vimos em tópicos anteriores (Azevedo, 2017, p. 51).

Nas décadas seguintes, mais especificamente em 1972 e 1975, temos a Convenção para a Proteção do Patrimônio Mundial, Cultural e Natural e a Declaração de Amsterdam, esses dois documentos vão consolidar o objetivo de conservar os bens de maneira integrada e preservar os sítios históricos (Azevedo, 2017, p. 51). Isso significa que o bem tombado tem que está vinculado, integrado economicamente ao Estado.

Além dos objetivos diferenciados das políticas de preservação, que se iniciam com Soeiro, a partir das novas orientações e continuam de maneira mais elaborada com Aloísio de Magalhães, é preciso atentar para o que constata Azevedo (2017, p. 52), "Começava-se a implementar, pela primeira vez, uma política para esses sítios, em vez de apenas tombá-los e congelá-los".

Portanto, as políticas de preservação estavam ancoradas em diretrizes internacionais, desde a Unesco e a OEA, as convenções e declarações, que viam no turismo cultural uma "tábua de salvação" (Azevedo, 2017, p. 50) econômica mais especificamente para o patrimônio.

Dessa forma, em Pernambuco, teremos o reflexo dessas práticas de preservação, de forma lenta e gradativa, na Fundarpe. Exemplo disso foi o tombamento estadual do Terreiro Obá-Ogunté em 1985, ou Terreiro de Pai Adão.

No entanto, por vários motivos, entre eles as dificuldades financeiras da Fundarpe, que segundo Menezes (2008) acompanharam a fundação desde sua gênese, quando dependia dos recursos do governo federal e a falta de comprometimento do poder estadual, por isso essas novas práticas não se tornaram corriqueiras.

Outro momento importante demarca as práticas de preservação envolvidas na patrimonialização de bens em Pernambuco, "o Inventário do Patrimônio Cultural da Região do São Francisco" (Menezes, 2008, p. 109). Segundo Menezes (2008), a Fundarpe "assumiu a administração direta das obras de manutenção e restauração". De acordo com Siqueira Neto (2011, p. 58), "o conceito de bem material já era concebido além dos monumentos e bens de pedra e cal, registrando-se elementos populares, como a valorização da arquitetura vernacular". Aqui está a marca das mudanças nas práticas de preservação, pois, segundo Abreu (2007, p. 58), "Aloísio Magalhães [...] tinha proposto a associação do conceito antropológico de cultura às ações de uma política pública para o patrimônio".

Ainda de acordo com Abreu (2007, p. 58),

> A absorção do conceito antropológico de cultura iria naturalmente oxigenar o campo do patrimônio no Brasil. Evidentemente, não se tratava de substituir a política de proteção urbanística, paisagística e arquitetônica iniciada pelo antigo SPHAN, mas de trazer novos elementos acompanhando os debates intelectuais internacionais.

Portanto, a atuação da Fundarpe já nos anos 2000 incorporou o conceito antropológico de cultura. Essa ferramenta teórica oxigenou o campo do patrimônio em Pernambuco. Sem abandonar as políticas de preservação dos bens materiais, trouxe elementos inovadores que faziam parte das discussões internacionais e nacionais para uma nova política pública de patrimônio.

2.4 O PATRIMÔNIO IMATERIAL (EM OLINDA)

> O Patrimônio Imaterial não requer preservação e conservação – no mesmo sentido das noções fundadoras da prática de preservação de bens culturais móveis e imóveis –, mas identificação, reconhecimento, registro etnográfico, acompanhamento periódico, divulgação e apoio. Enfim, mais documentação e acompanhamento e menos intervenção. (Brasil, 2003)

Com essa citação do grupo de trabalho criado em 1996 e que auxiliou a Comissão que criou o Decreto n. 3.551, de 2000, inicio a discussão sobre o patrimônio imaterial em Olinda.

Aqui temos de modo pontual mais uma mudança na política pública de patrimônio que representam as políticas de preservação que focam, agora, o reconhecimento do patrimônio imaterial, que segundo o Decreto que institui o registro de bens culturais de natureza imaterial, podem ser identificados e definidos a partir de seus quatro livros de registro.

Dessa forma, patrimônio imaterial pode ser caracterizado de acordo com quatro formas de manifestações: os Saberes, as Celebrações, os Lugares em que ocorrem práticas coletivas e as Formas de Expressão, distribuídos e exemplificados da seguinte forma:

> <u>Livro de Registro dos Saberes</u>, onde serão inscritos conhecimentos e modos de fazer enraizados no cotidiano das comunidades; <u>Livro de Registro das Celebrações</u>, onde serão inscritos rituais e festas que marcam a vivência coletiva do trabalho, da

> religiosidade, do entretenimento e de outras práticas da vida social; <u>Livro de Registro das Formas de Expressão</u>, onde serão inscritas manifestações literárias, musicais, plásticas, cênicas e lúdicas; <u>Livro de Registro dos Lugares</u>, onde serão inscritos mercados, feiras, santuários, praças e demais espaços onde se concentram e reproduzem práticas culturais coletivas. (grifos nossos).

É possível percebermos que o conceito de patrimônio imaterial representa uma ampliação conceitual. Aqui as práticas culturais passam por registro e reconhecimento e não mais necessitam de preservação ou conservação como outrora o patrimônio material. Embora ganhem evidência nos anos 2000, já haviam sido citadas ou referenciadas em documentos e/ou legislações anteriores ao Decreto n. 3.551, de 2000, porém sem efetividade, talvez por falta de regulamentação ou mesmo estatuto jurídico.

No Brasil, podemos citar o anteprojeto, pois Mário de Andrade já falava em algumas dessas manifestações configuradas nos quatro livros do Decreto n. 3.551, de 2000, porém as considerando como manifestações de arte popular enquanto folclore.

Também com o Centro Nacional de Referência Cultural da década de 1970, temos mais uma ampliação para o campo do patrimônio, pois, segundo Fonseca (1995, p. 83-84).

> Quando se fala em referências culturais, se pressupõem sujeitos para os quais essas referências façam sentido (referências para quem?). Essa perspectiva veio deslocar o foco dos bens – que em geral se impõem por sua monumentalidade, por sua riqueza, por seu peso material e simbólico – para a dinâmica de atribuição de sentidos e valores.

O CNFC, além da ampliação no campo da cultura, no que diz respeito ao patrimônio e à concepção de bens, traz a categoria de referências culturais que será muito importante, tanto para o artigo 216 da Constituição Federal quanto para a definição de patrimônio imaterial que se dará a posteriori.

É a noção de referência cultural que traz a atenção para a fabricação do patrimônio como um processo que leve em consideração a atribuição de significado, e nesse processo ganha importância os atores sociais, para os quais o patrimônio faz sentido. O Estado, enquanto órgão que tutela as práticas de patrimonialização, continua atuando, mas a dinâmica social que envolve o processo de identificação das práticas a serem patrimonializadas é que mudou.

Nesse sentido, as práticas de preservação também são ressignificadas, pois o objetivo da preservação está atrelado às práticas e aos sujeitos sociais. "Para a política de salvaguarda do patrimônio imaterial, preservar o patrimônio cultural brasileiro significa fortalecer e dar visibilidade as referências culturais dos grupos sociais em sua heterogeneidade e complexidade." (Dossiê do patrimônio imaterial, 2006, p. 9).

Trata-se, portanto, de um conceito que veio do campo antropológico e que não pensa a prática de maneira engessada, mas em sua movência articulada pelos sujeitos sociais e ainda na complexidade e pluralidade das diferenças. Nesse sentido, a preservação se dá de maneira coletiva, uma vez que as práticas atreladas ao patrimônio imaterial e ao próprio patrimônio é configurado de maneira coletiva.

Dessa forma, o que temos não é uma categoria nova de patrimônio, temos ampliação semântica e "um regime de patrimonialização diferente, ou seja, um modo específico de produzir patrimônio" (Davallon, 2015, p. 54).

Esse modo específico de produzir patrimônio está ancorado, entre outras formas, pelas diretrizes da Unesco, que segundo Davallon (2015, p. 56) resulta em três operações "uma transmissão geracional do elemento a patrimonializar, um interesse do grupo e uma declaração" que ateste a prática enquanto patrimônio.

Nesse contexto, temos em 2000 no Brasil o Decreto n. 3.551, que institui o registro do patrimônio imaterial, como já citado. Para exemplificar como funcionam as "práticas" de preservação nessa política de patrimônio, vamos analisar como se deu a patrimonialização do frevo em Olinda.

2.4.1 A patrimonialização do frevo em Olinda

Analisaremos como essa prática cultural passou pelo registro e consequente configuração como patrimônio cultural imaterial do estado de Pernambuco, pois trata-se de um patrimônio de Recife e Olinda.

Segundo Silva, foi por meio do "frevedoruro", ou seja, do deslocamento de carros alegóricos de um ponto a outro da cidade que nasceu o frevo. O deslocamento se dava com muita música, marchas e passos acelerados dos que seguiam o clube Cara-Dura, que puxava "uma multidão de simpatizantes" (Silva, 2019, p. 123)

Segundo Silva (2019, p. 141), o frevo como "música tem sua origem no repertório das bandas militares em atividade na segunda metade do século XIX no Recife". No entanto, o frevo seria resultado de várias combinações plurais, com elementos do tango, do maxixe, da quadrilha, do galope, da polca, entre outros ritmos que acabavam fazendo parte do carnaval de Recife.

De acordo com Silva (2019), o frevo é uma manifestação cultural do estado de Pernambuco que surgiu no fim do século XIX, mas passa a ser mais expressivo no início do século XX, nascido em meio ao carnaval, como vimos, a etimologia da palavra já remete a algo que é frenético. Originada do verbo ferver, como referência ao seu ritmo acelerado e chamado pelos populares de "frever", é uma manifestação cultural que, segundo Câmara Cascudo (1977, p. 414), não é coletiva, mas de uma multidão que "nos meneios da dança, fica a ferver" daí a origem do nome frevo.

O termo apareceu no carnaval antes mesmo da dança enquanto prática cultural, pois existia, segundo Silva (2019), uma marcha de carnaval com o nome frevo, porém a dança é identificada como aparecendo no carnaval em 1909.

A dinamicidade do frevo nasce das bandas militares com a mistura de "passos dos capoeiras com a música acelerada dos dobrados e polcas-marchas". Não segue, como outras manifestações dançantes, uma linearidade, não tem apresentações em círculos, é "um movimento único de toda uma massa em desfile"

(Silva, 2019, p. 148). Segundo Silva (2019), essas bandas é que fortaleceram o carnaval de rua do Recife e nós acrescentamos que também o de Olinda.

Diante do contexto de surgimento e durante todo o século XX, o frevo vai se disseminando pelo carnaval pernambucano e desenvolvendo sentimento de pertencimento que faz enraizar a importância e a especificidade dessa manifestação cultural no carnaval do estado. No entanto, faz também com que essa manifestação se multiplique e diversifique em sua movência, fazendo surgir várias ramificações e, portanto, tipos de frevo.

Assim, temos o frevo de rua, o frevo de bloco e o frevo canção, o primeiro caracterizado pela orquestra com instrumentos de metais e o passista, já o frevo de bloco é caracterizado pela orquestra de instrumentos de corda e em alguns casos com o acompanhamento do coral feminino (Nova, 2006). O frevo canção "está relacionado aos clubes e troças carnavalescas, traz elementos do frevo de rua e do frevo de bloco, com "orquestra vibrante" e por vezes conduzido por um cantor solista" (Schneider, 2011, p. 47).

De acordo com Nova, (2006, p. 21),

> [...] não há dúvida quanto à importância do frevo para a identificção da cultura pernambucana. [...] o símbolo mais característico do frevo-de-rua (o passadista empunhando a sombrinha) são frequentemente utilizados, por exemplo, na propaganda turística.

Nesse contexto, o frevo é indicado como prática cultural a passar por registro e, portanto, ser patrimonializado. O pedido é feito em fevereiro de 2006 pela prefeitura do Recife por meio de ofício enviado ao então Ministro de Cultura, Gilberto Gil, que por sua vez o encaminha ao então presidente do Iphan e em 17 de março de 2006 o processo é aberto pela diretora do Departamento do Patrimônio Imaterial, Márcia Sant'Anna.

Tanto o pedido de registro do frevo quanto a trajetória para que a patrimonialização aconteça seguem uma tessitura muito representativa das políticas de preservação que se desenvolvem a partir dos anos 2000. Compreendemos que, mesmo sendo mais evidente aqui, o cuidado com o patrimônio imaterial já havia iniciado, como demonstramos antes, a partir da concepção de patrimônio integrado.

De início, ainda em 2006 é formado um grupo de trabalho que tinha, segundo o conselheiro Andrés (Iphan, 2007), a participação de dirigentes e técnicos da Prefeitura do Recife, do Departamento do Patrimônio Imaterial e da 5ª superintendência regional do Iphan. O objetivo era a realização de um seminário que tinha o título de "Formação do Grupo de Trabalho para o Registro do Frevo como Patrimônio Imaterial":

> Durante o evento foram proferidas palestras e ministrada a oficina de preparação da metodologia, treinamentos e logística, ocasião em que estabeleceram-se as bases para um trabalho integrado. Como resultado da metodologia estabelecida naquele encontro e diante do exíguo prazo, as equipes tiveram que trabalhar com dedicação e competência para produzir suficiente e a altura do acervo em questão. (Iphan, 2007)

A formação de um grupo de trabalho já é por si só algo inovador, pois além de representantes da autarquia federal de preservação, temos a presença de representantes daqueles que entraram com o pedido de registro da prática cultural em questão. Obviamente, o registro de uma prática cultural parece mais complexo, pois segundo o Decreto n. 3.551, de 2000, diz no artigo 3º, inciso 2º, que "A instrução constará de descrição pormenorizada do bem a ser registrado, acompanhada da documentação correspondente, e deverá mencionar todos os elementos que lhe sejam culturalmente relevantes" (Brasil, 2000).

Ou seja, além da documentação, o pedido de registro precisa ser feito e sistematizado por quem vivencia a prática cultural para descrevê-la em detalhes, além disso, esse registro passa por avaliação num tempo regulamentado ainda pelo decreto no artigo

7º, quando diz que "O IPHAN fará a reavaliação dos bens culturais registrados, pelo menos a cada dez anos, e a encaminhará ao Conselho Consultivo do Patrimônio Cultural para decidir sobre a revalidação do título" (Brasil, 2000).

Nesse contexto, precisamos pontuar que o registro de práticas culturais passa por um rigor de reavaliação por sua imaterialidade que o patrimônio material não precisou passar. Não queremos com isso dizer que, por esse prisma, há uma hierarquização de tratamento, mas que a patrimonialização de práticas culturais conta com uma complexidade maior por ter elementos não perceptíveis a olho nu, mas vivenciados em suas manifestações. Embora a regulamentação do patrimônio imaterial tenha feito refletir sobre a imaterialidade do patrimônio material, ainda assim compreendemos uma maior complexidade no trato com o patrimônio imaterial.

Segundo a Unesco (2003, p. 121),

> Este patrimônio cultural imaterial, que se transmite de geração em geração, é constantemente recriado pelas comunidades e grupos em função de seu ambiente, de sua interação com a natureza e de sua história, gerando um sentimento de identidade e continuidade e contribuindo assim para promover o respeito à diversidade cultural e à criatividade humana[]

Portanto, há uma movência nesse patrimônio que não pode ser engessada, pois é a razão mesmo de sua existência, o que se registra é o modo de fazer e/ou realizar a prática e que precisará de continuidade em gerações futuras para continuar com o status de patrimônio.

No caso do frevo, vamos problematizar como ele foi patrimonializado e como se deu, diante da movência da prática, sua territorialidade pelo estado de Pernambuco, com efervescência em Olinda e Recife.

Segundo o Dossiê (2007, p. 16),

> [...] o frevo, manifestação artística da cultura pernambucana, desempenha importante papel na formação da música brasileira, [...] [com] riqueza melódica, criatividade e originalidade proveniente da grande mescla com gêneros diversos, somadas à inventividade e capacidade criadora dos seus compositores, engrandecem e legitimam as múltiplas identidades, assim como a diversidade cultural do povo brasileiro.

Por essa definição, compreendemos que o frevo abarca a territorialidade do estado de Pernambuco, mas vai além, pois apresenta importante papel para a música e para a diversidade cultural do povo brasileiro.

Lembramos que o no inciso 2º do artigo 1º do Decreto n. 3.551, de 2000, a política de preservação do Iphan tem por objetivo e referência "a continuidade histórica do bem e sua relevância nacional para a memória, a identidade e a formação da sociedade brasileira".

Sendo assim, o frevo tem sua territorialidade, pois é preciso condições materiais de existência, uma vez que é uma prática enraizada nas cidades de Olinda e Recife, mas a relevância é para uma tradição cultural, um povo que vive no território brasileiro.

Tanto é assim que, segundo o Dossiê do Iphan sobre os aspectos históricos e o processo de registro dessa prática, além de trazer as informações já postas aqui, vai ainda mais além e vê entre as origens do frevo ainda no século XVIII, quando percebe indícios da manifestação cultural nas pinceladas do que viria a ser um clube de frevo e que tinha "músicas improvisadas, trabalhadores negros do bairro portuário do Recife".

De acordo com o Dossiê, esses trabalhadores se uniam ao festejo de "Ternos de Reis". Essa afirmação coloca o frevo ainda que em seus indícios de existência, como lócus de práticas culturais das pessoas negras em Pernambuco, algo muito representativo para a prática cultural e que atesta sua relevância para a memória (Dossiê Iphan Frevo, 2016, p. 13).

O Dossiê foi resultado do Inventário das Referências Culturais do Frevo, essa etapa foi coordenada pela pesquisadora Carmen Lélis, com o auxílio da Casa do Carnaval, mas contando com a supervisão da equipe da Superintendência Regional de Pernambuco e do Departamento de Patrimônio Imaterial (DPI), do Instituto do Patrimônio Histórico e Artístico Nacional (Iphan).

Portanto, um trabalho interdisciplinar com a responsabilidade de fazer um levantamento sistematizado da prática cultural com junção de documentos e referências que justificasse o registro do frevo.

Assim, o Inventário foi a metodologia e o instrumento técnico que trouxe todo o material de embasamento para escrita do Dossiê e fundamentação do registro do frevo enquanto Patrimônio Imaterial.

O parecer favorável ao registro do frevo veio por parte da Superintendência regional de Pernambuco com o protagonismo da antropóloga Elaine Müller, que é confirmado pelo Departamento do Patrimônio Imaterial.

Segundo Daher (2012, p. 121),

> A noção recente de patrimônio imaterial talvez permita que outros saberes e especialistas venham, aos poucos, ocupar um lugar de destaque nas práticas de tombamento e conservação: etnólogos, antropólogos, sociólogos e historiadores.

Não temos ainda uma participação efetiva de historiadores, mas de antropólogos sim, o caso do frevo é emblemático em relação a isso.

A participação dos antropólogos nos processos de patrimonialização no Brasil é relativamente recente, por muito tempo, na fase considerada heroica, das políticas públicas de patrimônio os arquitetos é que participavam intimamente dos processos de tombamento, suas falas eram consideradas autoridade e usadas para legitimar os bens enquanto patrimônio.

Segundo Arantes (2010, p. 52), com os antropólogos, "a preservação ou salvaguarda [se dá] enquanto práticas sociais", assim a atenção se volta para "os agentes e processos envolvidos na seleção do que preservar, nas decisões de como fazê-lo, com quem, para quê, ou seja, destacam-se como objeto de reflexão as condições sociais de produção do patrimônio e seus usos".

Isso pode ser percebido na patrimonialização do frevo, pois segundo o Parecer conclusivo sobre o Registro do Frevo como patrimônio,

> [...] o processo fala, canta, dança, toca o frevo, por meio da voz dos seus produtores, competentemente mobilizados pela equipe da Secretaria de Cultura do Recife, por meio de depoimentos, entrevistas e mais de 32.000 assinaturas de anuência ao pedido de Registro. A Secretaria também foi capaz de levantar e identificar acervos documentais e instituições comprometidas com a preservação do frevo e do seu conhecimento. A mobilização desses produtores, pessoas e instituições em torno do frevo de sua continuidade constituem um pré-requisito fundamental para o sucesso das ações de salvaguarda, tanto das que já se encontram em curso como das que estão previstas no dossiê para etapas posteriores, decorrentes do Registro a ser aprovado. (Iphan, 2006, p. 8)

Ou seja, enquanto prática cultural, o frevo é apresentado em sua movência e de forma "viva" com a participação dos sujeitos históricos que vivem a prática, que usam e que dão sentido à existência e à efervescência do frevo. A mobilização intensa em torno do frevo demonstra a importância do seu registro, o envolvimento social e de instituições e a possibilidade legítima de sua continuidade, o que na contemporaneidade pode ser comprovado.

Segundo Davallon (2015, p. 59),

> [...] o desafio não repousa sobre a validade semiótica da relação do objeto com seu mundo de origem (sua autenticidade), como no caso do patrimônio

material. Essa relação recai sobre a validade das manifestações e traços do que faz patrimônio, de sua conformidade e de seu respeito ao objeto ideal.

É por isso que junto ao Dossiê foram entregues CDs e DVDs que continham histórias, projetos, músicas, atuações de blocos e orquestras em carnavais, tipos de frevo, passos e tudo que possa caracterizar essa prática cultural em sua diversidade e pluralidade, mas que lhe é própria e apresenta territorialidade em Recife e Olinda. Essa é uma forma de apreensão da memória da prática, pois, segundo Davallon (2015), as manifestações podem ser efêmeras.

Isso não significa engessamento ou estaticidade da prática, segundo o Dossiê (2007, p. 55), "Reconhecê-lo em sua dinamicidade é, portanto, ampliar seu uso social". Assim, a suposta apreensão da memória não é para petrificar, mas para marcar origens e características ao longo do tempo.

Ainda de acordo com o Dossiê (2015), "as tradições e expressões culturais e musicais sofrem, na dinâmica histórico-social, os influxos das mudanças, releituras e acréscimos." Esse processo mutante do frevo faz parte de sua existência e o faz dialogar com os diversos tempos não o impedindo ser patrimonializado como uma prática cultural com "valor referencial para a cultura pernambucana e brasileira" (Dossiê, 2007).

Diante de tudo que foi exposto, percebemos o quanto as políticas de preservação estão configuradas nas práticas de salvaguarda do patrimônio imaterial. Temos aqui o frevo como representação desse processo com a legitimação de seu Registro por meio do Conselho Consultivo do Patrimônio Cultural.

A certidão que ratifica o Registro da prática cultural enquanto patrimônio diz:

> [...] que do Livro de Registro das Formas de Expressão, volume primeiro, do Instituto do Patrimônio Histórico e Artístico Nacional/Iphan, instituído pelo Decreto número três mil quinhentos e cinqüenta e um, de quatro de agosto de dois mil, consta à folha seis verso, o seguinte: "Registro

> número quatro. Bem cultural: Frevo. Descrição: O Frevo é uma forma de expressão musical, coreográfica e poética densamente enraizada em Recife e Olinda, no Estado de Pernambuco. Gênero musical urbano, o Frevo surge no final do século 19, no carnaval, num momento de transição e efervescência social, como expressão das classes populares na configuração dos espaços públicos e das relações sociais nessas cidades. (Iphan, 2007, p. 1)

Assim, o frevo é registrado no Livro das Formas de Expressão e nos chama atenção que além de ser pontuada a sua territorialidade em Olinda e Recife, atestando com isso uma pernambucaneidade, ele é colocado como "expressão das classes populares", destoando dos patrimônios de "pedra e cal", sempre atrelados à elite colonial brasileira sem relação de pertencimento com a população que o cercava, estando sempre ancorado num passado distante, mas que se queria como representativo de uma nação. Aqui o frevo está configurado num espaço com sujeitos históricos que lhes atribuem e produzem sentido, o passado é representado não como estanque e saudosista, mas como elo para as gerações do presente.

Seja com as "bandas militares e suas rivalidades, os escravos recém-libertos, os capoeiras, a nova classe operária e os novos espaços urbanos", todos importam, pois "foram elementos definidores na configuração do Frevo". Não existe a preocupação em homogeneizar a prática e sim em mostrá-la em seu ecletismo e pluralidade representando origens diversas e nessa diversidade percebendo a contribuição de cada sujeito para a composição do frevo.

Dessa forma, compreendemos que as políticas de patrimonialização foram referenciadas pelo tombamento isolado que vai das décadas de 1930 até por volta da década de 1960 na fase considerada heroica das políticas de patrimônio no Brasil. Quando temos Rodrigo Melo Franco de Andrade a frente da autarquia federal de preservação e quando temos o processo de tombamento do Seminário de Olinda seguindo, de maneira pragmática, os protocolos do estatuto jurídico de tombamento estabelecido pelo Decreto-lei n. 25, de 1937.

Em seguida, temos novas cartas patrimoniais, aqui discutidas, normativas internacionais e consequentemente uma nova guinada nas políticas públicas de patrimônio no Brasil, quando se delineiam políticas de patrimonialização a partir do tombamento integrado e a preocupação com os bens e sua integração ao desenvolvimento econômico do local. Essas políticas passam a ser gestadas com Renato Soeiro a frente da autarquia federal de preservação na transição para a fase moderna, é quando temos o tombamento integrado de Olinda.

A partir do fim da década de 1970 e início de 1980, temos novas reformulações nas políticas públicas de patrimônio com Aloísio de Magalhães, que traz ampliação para a definição de patrimônio com a influência do conceito antropológico de cultura.

Com o patrimônio imaterial, as políticas públicas de patrimônio se consolidam, pois além da preocupação com o desenvolvimento econômico, questão turística e preservação, os sujeitos, a comunidade, os agentes envolvidos com práticas culturais passam a figurar com protagonismo nos processos de patrimonialização.

Nos perguntamos, o que mudou? Foi o patrimônio, foram as categorias e nomenclaturas usadas ao longo do tempo? Tivemos novas categorias com um refinamento teórico, mas o que mudou foi o olhar, temos, ao longo do tempo, modos diferentes de perceber os objetos que são identificados como patrimônio. Seja qual for a hipótese, o fato é que o patrimônio não existe per si, um valor lhe é atribuído no presente, fazendo com que ele esteja em constante construção.

Olinda, como estudo de caso neste capítulo, foi um caso emblemático de como o refinamento teórico da categoria patrimônio, ao longo do tempo e das políticas púbicas de patrimônio, fizeram com que Olinda fosse olhada de diversas formas. Assim, objetos da cultura material ou práticas culturais que antes não eram visibilizadas passaram a ser configuradas enquanto patrimônio e como tal passaram por tombamento ou registro.

Dessa forma, Olinda respondeu bem a uma pergunta feita em momentos históricos diferentes das políticas públicas de patrimônio no Brasil: o que preservar? Nos anos de 1930, os objetos da cultura material representativos do barroco colonial. Nos anos de 1960/1970, o conjunto urbanístico e arquitetônico de Olinda e, em seguida, o tombamento integrado e, por fim, nos anos 2000, a preocupação foi com a preservação das práticas culturais representadas pelo patrimônio imaterial.

Fontes

SPHAN – Serviço do Patrimônio Histórico e Artístico Nacional. Processo de tombamento 0131. **Arquivo Central do Iphan**, 1938.

SPHAN – Serviço do Patrimônio Histórico e Artístico Nacional. Processo de tombamento 674 T. **Arquivo Central do Iphan**, 1962.

Referências

ABREU, Regina. Patrimônio cultural: tensões e disputas no contexto de uma nova ordem discursiva. *In:* LIMA FILHO, Manuel; ECKERT, Cornélia *et al*. **Antropologia e patrimônio cultural** – diálogos e desafios contemporâneos. Blumenau: Nova Letra, 2007.

AEZEVEDO, Paulo Ormindo de. Patrimônio Cultural e Natural como fator de desenvolvimento: a revolução silenciosa de Renato Soeiro, 1967-1979. **Revista do Patrimônio**, Brasília, n. 35, 2017.

ARANTES, Antônio Augusto. "A salvaguarda do patrimônio cultural imaterial no Brasil". *In:* BARRIO, Ángel Espina; MOTTA, Antônio; GÔMES, Mário Hélio (org.). **Inovação Cultural, Patrimônio e Educação**. Recife: Massangana, v. 1, p. 52-64, 2010.

BACELAR, Aline Galdino. **Planejamento, conservação e turismo cultural: noções e práticas no PDLI de Olinda**. 188 f. Dissertação (Mestrado em Desenvolvimento Urbano) – Universidade Federal de Pernambuco, UFPE, Recife, PE, 2019.

BRASIL. **Decreto Presidencial n. 3551, de 4 de agosto de 2000.** Diário Oficial da União. Brasília, DF, 7 ago. 2000.

BRASIL. **Lei n. 378, de 13 de janeiro de 1937.** Dá nova, organização ao Ministério da Educação e Saúde Pública. Diário Oficial da União. Brasília, DF, 15 jan. 1937.

BRASIL. **Decreto-lei n. 25, de 30 de novembro de 1937.** Organiza a proteção do patrimônio histórico e artístico nacional. Diário Oficial da União. Brasília, DF, 6 dez. 1937.

CALABRE, Lia. O Serviço do Patrimônio Artístico Nacional dentro do contexto da construção das políticas públicas de cultura no Brasil. **Revista do Patrimônio,** Brasília n. 35, 2017.

CANDAU, Joel. **Memória e Identidade.** Tradução: Maria Letícia Ferreira. São Paulo: Contexto, 2012.

CHUVA, Márcia. **Os arquitetos da memória** – sociogênese das práticas de preservação do patrimônio cultural no Brasil (anos 1930-1940). Rio de Janeiro: editora UFRJ, 2009.

DAHER, Andrea. Objeto cultural e bem patrimonial representações e práticas. **Revista do Patrimônio,** Brasília n. 34, 2012.

DAVALLON, Jean. Memória e Patrimônio: por uma abordagem dos regimes de patrimonialização. *In:* TARDY, Cécilie; DODEBEI, Vera. **Memória e Novos Patrimônios.** Éditeur: Open Edition Press. Lieu d'édition, Marseille, 2015.

DELGADO, Luiz. Parecer. **Sala das Sessões do Conselho Estadual de Cultura,** 18 de junho de 1974.

DOSSIÊ IPHAN FREVO. Instituto do Patrimônio Histórico e Artístico Nacional. 2017.

FONSECA, Cecília Londres. O **patrimônio em processo**: trajetória da política federal de preservação no Brasil. Rio de Janeiro: UFRJ; Iphan, 2005.

FOUCAULT, Michel. **Microfísica do Poder**. Rio de Janeiro: Edições Graal, 1988.

COSTA, Lygia. Martins. Entrevista-depoimento. **Revista do Patrimônio Histórico e Artístico Nacional**, Rio de Janeiro, n. 31, 2005.

GONÇALVES, José Reginaldo. Autenticidade, memória e ideologias nacionais: o problema dos patrimônios culturais. **Estudos Históricos**, Rio de Janeiro, v. 1, n. 2, 1988.

GONÇALVES, José Reginaldo. **A Retórica da Perda:** os discursos do patrimônio cultural no Brasil. Rio de Janeiro: Editora UFRJ; Iphan, 1996.

IPHAN – Instituto do Patrimônio Histórico e Artístico Nacional. I Encontro dos Governadores de Estado, Secretários Estaduais da Área Cultural, Prefeitos de Municípios Interessados, Presidentes e Representantes de Instituições Culturais. **Compromisso de Brasília**. Brasília: 1970. Caderno de Documentos n. 3: Cartas Patrimoniais. Brasília: Iphan, 1995.

IPHAN – Instituto do Patrimônio Histórico e Artístico Nacional. II Encontro de Governadores para Preservação do Patrimônio Histórico, Artístico e Natural do Brasil – Ministério da Educação e Cultural. **Compromisso de Salvador**. Salvador: 1971. Caderno de Documentos n. 3: Cartas Patrimoniais. Brasília: Iphan, 1995.

MARTINS, Rebeca Fernanda da Silva. **Olinda para quem?** O processo de tombamento do sítio histórico da cidade de Olinda (1968 – 1980). Dissertação (Mestrado em História) – Universidade Federal Rural do Pernambuco, UFRPE, Recife, PE, 2019. 155f.

MENEGUELLO, Cristina. A preservação do patrimônio e o tecido urbano Parte 1: A reinterpretação do passado histórico (1). **Arquitextos**, v. 003. 5 ano, 01 ago. 2000.

MENEZES, José Luis da Mota. **Ainda chegaremos lá**: história da Fundarpe. Recife: Fundarpe, 2008. 240p.

NOVA, Júlio César Fernandes Vila. **Programa de Folião**: Cultura e Persuasão no Discurso do Frevo de Bloco. Dissertação (Mestrado em Letras e Linguística) – Universidade Federal de Pernambuco, UFPE, Recife, PE, 2006. 191f.

OEA – Organização dos Estados Americanos. **Normas de Quito**. Quito: 1967. Caderno de Documentos n. 3: Cartas Patrimoniais. Brasília: Iphan, 1995.

POULOT, Dominique. *Museu, nação, patrimônio (1789-1815)*. Paris, Gallimard, col. "Biblioteca de histórias", 1997. 406 p.

SANTOS, Diego Gomes dos; PACHECO, Ricardo de Aguiar. Os 40 anos da Fundarpe na política cultural do patrimônio pernambucano (1973-2013). **Mneme** – Revista de humanidades, Cairó, v. 16, n. 36, p. 183-200, 2015.2015.

PACHECO. Ricardo de Aguiar. **O Patrimônio Histórico**: objeto de estudo do historiador. **História Unicap**, Pernambuco, v. 4, p. 5-15, 2017.

SCHNEIDER, Cynthia Campelo. **O frevo no coração do recifense**: cultura, música e educação. Dissertação (Mestrado em Educação, Arte e História da Cultura) –Universidade Presbiteriana Mackenzie, São Paulo, 2011. 124f.

SIQUEIRA NETO, Moysés Marcionilo de. **Sob o véu do patrimônio cultural:** uma análise dos processos de tombamento em Pernambuco (1979 – 2005). Dissertação (Mestrado em Memória Social e Patrimônio Cultural) – Universidade Federal de Pelotas, 2011. 133f

SILVA, Leonardo Dantas. **Carnaval do Recife**. Pernambuco: Cepe editora. Edição do Kindle. p. 141.

SOEIRO, Renato *Apud* BARATA, Mário. Condições e exemplos de defesa do Patrimônio Histórico e Artístico *In*. **Revista Brasileira de cultura**, Rio de Janeiro, v. 2, n. 3, 1970.

UNESCO – Organização das Nações Unidas para a Educação, a Ciência e a Cultura. **Convenção para a Salvaguarda do Patrimônio Cultural Imaterial**, 2003. Disponível em: http://www.iphan.gov.br/baixaFcdAnexo.do?id=4718 Acesso em: 03 out. 2023.

ZANCHETI, Sílvio Mendes; LAPA, Tomás. 1. Conservação Integrada: Evolução Conceitual. *In:* LACERDA, Norma; ZANCHETI, Sílvio Mendes. **Plano de Gestão da Conservação Urbana: Conceitos e Métodos**. Olinda, Centro de Estudos avançados da Conservação Integrada, 2012.

3

TRÊS HOMENS E UM OBJETIVO

A patrimonialização dos bens considerados históricos é sistematizada de maneira jurídica, após o Decreto-lei n. 25, de 1937, mas, antes mesmo da instituição jurídica do Decreto-lei, as redes de relações, as estratégias e os meios para legitimação dos processos de tombamento já vinham sendo tramadas. Rodrigo Melo Franco de Andrade, primeiro diretor do Serviço do Patrimônio Histórico e Artístico Nacional (Sphan)[4], já articulava com amigos intelectuais, em vários estados do Brasil, apontamentos que pudessem se tornar referências para os tombamentos, assim que a lei fosse aprovada.

Em Recife, alguns intelectuais funcionaram como interlocutores e, mais que isso, como responsáveis por apontar os bens que deveriam ser tombados no estado, quando foi inventado um discurso de valorização de determinados monumentos, ditando a trajetória das políticas de tombamento, a princípio legitimadas por alguns intelectuais, como: Gilberto Freyre, Aníbal Fernandes, Ayrton de Carvalho, dentre outros.

Analisando os processos de tombamentos de bens em Pernambuco, bem como as revistas do órgão federal de preservação, percebemos que os intelectuais, citados anteriormente, desempenharam algum tipo de função no processo de patrimonialização dos bens e, mesmo ocupando cargos diferentes em função de sua formação intelectual, tinham em comum um discurso coeso e homogêneo de apontamento e/ou legitimação dos tombamentos.

---

[4] A denominação da instituição foi modificada diversas vezes: Serviço do Patrimônio Histórico e Artístico Nacional/Sphan (1936-1946); Diretoria do Patrimônio Histórico e Artístico Nacional/Dphan (1946-1970); Instituto do Patrimônio Histórico e Artístico Nacional/Iphan (1970-1979); Secretaria do Patrimônio Histórico e Artístico Nacional/Sphan (1979-1990); Instituto Brasileiro do Patrimônio Cultural/IBPC (1990-1994); Instituto do Patrimônio Histórico e Artístico Nacional/Iphan (desde 1994) (Silva, 2019, p. 4).

Sendo assim, optamos por fazer uma análise da trajetória dos três intelectuais citados, os quais estão envolvidos em alguns processos de patrimonialização de bens em Pernambuco ou, simplesmente, produziram, junto a Rodrigo Melo Franco de Andrade, um discurso de autoridade para justificar o que deveria ser tombado.

Pensando, portanto, na atuação do Sphan e na patrimonialização dos bens em Pernambuco, faremos a análise da trajetória de Gilberto Freyre, Ayrton de Almeida Carvalho e Aníbal Fernandes. Usaremos como fonte de pesquisa as revistas que contêm publicações dos três intelectuais, bem como documentos contidos em processos de tombamento de bens no estado de Pernambuco e que estão no acervo digitalizado do Lepam (Laboratório de Estudos e Intervenções em Patrimônio Cultural e Memória Social), grupo de estudo da UFRPE (Universidade Federal Rural de Pernambuco) e por fim reportagens do Diário de Pernambuco.

3.1 TRAJETÓRIAS CRUZADAS

A trajetória dos três intelectuais se cruzam nas publicações editoriais do Sphan, nas quais eles tentam demonstrar a importância da arquitetura colonial e religiosa, considerando seu valor arquitetônico, artístico e histórico na composição daqueles que seriam tombados, enquanto monumentos representativos da cultura nacional.

A participação dos três intelectuais nos fazem perceber a rede de agenciamento de que dispunha Rodrigo Melo Franco de Andrade, para solidificar seus trabalhos à frente do Sphan. Essa rede, ancorada no órgão federal de preservação, possibilitou a "fabricação" do patrimônio nacional de maneira naturalizada.

Segundo Chuva (2009, p. 106), "a construção de um patrimônio histórico e artístico nacional no Brasil pode ser localizada historicamente nas décadas de 1930 e 1940". Portanto, no período de institucionalização do Sphan e de sua política de tombamento, marcada não só pelo status jurídico da prática estabelecida pela lei, mas por todos os discursos criados em torno do tombamento para a "preparação do terreno".

Dessa forma, temos três intelectuais envolvidos em "campos de poder" e relações sociais que se encontram, historicamente, e apresentam coesão e coerência para construção de um "discurso de verdade" (Foucault, 1996, p. 19) sobre os tombamentos em Pernambuco. Segundo Foucault (1979, p. 12), "Cada sociedade tem seu regime de verdade, sua 'política geral' de verdade: isto é, os tipos de discurso que ela acolhe e faz funcionar como verdadeiros". Nesse caso, o ato de preservar determinados bens, em lugar de outros, funciona como os discursos de verdade sobre o passado pernambucano. Ou seja, a política de preservação do passado do Sphan é, em si, um discurso (não verbal) de verdade.

Assim, de maneira contemporânea, os três intelectuais se encontram no Sphan, em funções diferentes, mas complementares.

Freyre atuará na revista do Sphan como representante regional em Pernambuco e como "consultor de todas as horas" (Chuva, 2009, p. 243), fabricando um discurso de legitimidade para tombar bens em Pernambuco.

Aníbal é levado por Freyre para produzir narrativas de justificação de determinados patrimônios, por compreender que seu prestígio social traria legitimidade para a patrimonialização de bens, bem como foi colaborador do Sphan.

Por fim, Ayrton trabalhará junto a Freyre, como o representante regional e técnico do órgão federal de preservação, para contribuir com um discurso de verdade pautado na análise técnica.

São três pernambucanos que vão atuar em defesa do órgão federal de preservação e da construção identitária do nacional articulada desde 1937, durante o período do Estado Novo, porém vão representar Pernambuco e defender os atos de patrimonialização do estado como representação nacional.

Nos encontros desses intelectuais, seja nas publicações editoriais do Sphan, seja na atuação dos processos de tombamentos que analisaremos, as trajetórias têm um ponto de intersecção que é o discurso de patrimonialização e a regionalização desse discurso, valorizando, sobretudo, a identidade pernambucana.

Aníbal e Freyre vão atuar com discursos que elencam elementos históricos dos bens a serem tombados e Ayrton, por ser engenheiro, vai atuar pautado num discurso mais técnico, mas os três intelectuais, em diversos momentos, atuam de modo concomitante e complementar para legitimar os tombamentos em Pernambuco.

De acordo com Chuva (2009, p. 106), a consagração do Sphan "naturalizou a ideia de 'patrimônio nacional' de tal forma, que se torna difícil imaginar, ainda hoje, que esta noção, em algum momento, tenha sido inventada". Isso acontece porque o discurso instituído pela lei de tombamento era coeso e coerente com os discursos dos intelectuais envolvidos com o Sphan e, também, com todas as políticas e intelectuais que, direta ou indiretamente, apoiavam as práticas de patrimonialização desse período. Como no caso da atuação desses três intelectuais nas políticas de tombamento de Pernambuco.

Sendo assim, apresentaremos o período de participação de cada intelectual e em quais instâncias da política de tombamento atuaram, elencando de que forma participaram. Para isso, apresentaremos alguns dos processos de tombamento que têm o protagonismo e/ou antagonismo desses sujeitos históricos.

3.2 GILBERTO FREYRE: O MARCO REFERENCIAL DO PATRIMÔNIO EM PERNAMBUCO

Segundo Gaspar (2009), "Gilberto de Mello Freyre nasceu no Recife, Pernambuco, no dia 15 de março de 1900, [...], filho do professor e juiz de direito Alfredo Freyre e de Francisca de Mello Freyre". Portanto, trata-se de um intelectual que vinha de uma família já de formação intelectual sólida e, pode-se dizer, elitizada, tendo em vista que, no século XIX, ser juiz de Direito se caracterizava como um cargo nobre e conquistado por poucos.

Quanto à sua formação, iniciou os estudos em Recife e chegou a ser "redator-chefe do jornal O Lábaro, [...]. Em 1918, viajou para os Estados Unidos, onde fez seus estudos universitários" (*idem*

2009). Passou pelas melhores universidades, estudando, desde artes às ciências políticas, jurídicas e sociais.

Segundo Chuva (2009, p. 198), Gilberto Freyre foi "representante regional [do Sphan] em Pernambuco" de 1938 a 1939, contudo, mesmo quando não era mais representante regional, continuou colaborando com o órgão federal de preservação em processos de tombamento e, principalmente, em casos de impugnação, em que o sociólogo atuava a favor da patrimonialização dos bens.

Antes mesmo de sua atuação como representante regional, Freyre fazia parte da rede de relações estabelecidas antes da aprovação do Decreto-lei n. 25, de 1937, quando se articulavam maneiras de justificar a importância da lei e a pragmática dos tombamentos após a aprovação da lei.

Isso se materializa na sua atuação em publicações da *Revista do Sphan*, a qual teve seu primeiro número circulando em 1938, embora desde 1936 já se articulasse sua produção. A revista, segundo Lanari (2010, p. 32-33), "tinha o objetivo de veicular artigos que tratassem dos monumentos, apresentando-os e justificando a importância dos mesmos para o patrimônio nacional". O que ficou ao encargo, em Pernambuco, de Gilberto Freyre.

A revista "contava também com artigos teóricos, que tinham o objetivo de fornecer tipologias que auxiliassem a identificação e catalogação dos monumentos" (Lanari, 2010, p. 33).

Portanto, ainda que no primeiro número da Revista, editada por Rodrigo Melo Franco de Andrade, ele tenha afirmado que essa não era a função da revista, ou seja, que não era intuito usá-la como instrumento de promoção do Sphan, fica evidente, na leitura dos artigos, que se tratava de um tipo de política editorial, pensada, provavelmente, para produzir um discurso que servisse de sustentação ou de legitimação para alguns tombamentos.

Na primeira publicação da *Revista do Sphan*, temos um artigo de Freyre intitulado: "Sugestões para o estudo da arte brasileira em relação com a de Portugal e a das colônias". Nesse artigo, Freyre faz um elogio à arte e arquitetura brasileira, mas que tem influência portuguesa e faz sugestões para que sejam feitos estudos e valorização de tudo aquilo que tem relação com a arquitetura e arte portuguesa pelo valor histórico e artístico (Freyre, 1937).

Essa primeira Revista contou com a participação de intelectuais "mais próximos de Rodrigo Melo Franco de Andrade, ou os indicados por intelectuais já consagrados, como Gilberto Freyre e Mário de Andrade" (Lanari, 2010, p. 42). Sendo assim, as sugestões dadas por Freyre, de apropriação da arte e arquitetura lusa, evidência que ele era amigo de Rodrigo Melo Franco de Andrade e que ambos poderiam estar compartilhando da mesma opinião, assim, Freyre auxiliou Rodrigo a formular a política de preservação do Sphan.

No caso de Freyre, não era só uma questão de proximidade, mas de laços afetivos de longa data.

Segundo Lanari (2010, p. 71-72),

> [...] era um amigo antigo, dos tempos de adolescência, que despontara como um dos principais intelectuais brasileiros nos anos 30 e devia isso, em parte, a Rodrigo M.F. de Andrade, que o incentivara a publicar sua obra mais famosa, Casa Grande & Senzala.

Compreendendo esses laços de amizade é que entendemos a confiança que o diretor do Sphan tinha em Freyre e o porquê de o intelectual ter assumido, com ousadia e liberdade, o espaço de representante de patrimonialização em Pernambuco.

Em 1943, na revista de número 07, Freyre volta a publicar mais um texto introdutório: "Casas de residência no Brasil". Nesse texto, ele fala do francês Louis Vauthier, "tratando da descoberta do seu diário sobre viagem realizada no Brasil" (Silva, 2019, p. 77). Mesmo passando por uma edição criteriosa por parte de Rodrigo Melo Franco de Andrade, que segundo Silva (2019) produz outros sentidos para o texto, o fato é a influência de Freyre na construção dos sentidos para o patrimônio que, mais uma vez, legitimam a prática de tombamento no Brasil.

O texto é introdutório porque faz uma apresentação elogiosa do francês Louis Vouthier e de suas cartas que na sequência são publicadas em língua portuguesa após a tradução. Freyre (1943) elogia a atitude da *Revista do Sphan* em publicar o documento alegando sua importância para o estudo da arquitetura no Brasil.

Segundo Freyre (1943, p. 99), trata-se de um diário "valioso para o estudo do passado brasileiro. Valioso para a interpretação do caráter nacional" pela influência técnica do francês na arquitetura, sobretudo de Pernambuco, onde, de acordo com Freyre (1943, p. 110), Vouthier foi responsável pela "modernização e [...] afrancesamento da arquitetura urbana", preservando traços lusitanos considerados importantes para a autenticidade de tal arquitetura.

Além dos artigos publicados na *Revista do Sphan*, "a primeira monografia publicada pelo SPHAN foi Mocambos do Nordeste, de Gilberto Freyre" (Lanari, 2010, p. 80). O que interessava, tanto para Freyre como para Rodrigo Melo Franco de Andrade, era o fato de que os Mocambos do Nordeste estavam marcados em sua edificação por características portuguesas (Ribeiro, 2013).

Não só os Mocambos, mas segundo Freyre (1937, p. 41-42), "A arquitetura religiosa portuguêsa conservou-se no Brasil quasi sem alteração. A militar igualmente. Nas próprias casas grandes patriarcais [...] os traços predominantes conservaram-se os portugueses". Assim, em todos os espaços arquitetônicos, Freyre vislumbrava traços predominantes da arquitetura portuguesa para justificar além de outros interesses a necessidade de estudar "esse poder de persistência" (Freyre, 1937, p. 42) da influência portuguesa.

Para Freyre, parece ser importante demarcar a importância da arquitetura lusa nas edificações produzidas em Pernambuco, uma vez que o órgão federal de preservação optou por patrimonializar edificações que tinham a marca lusa, barroca, cristão-católica, branca, heterossexual e de elite. Portanto, narrativas como as de Freyre, na revista e na monografia, são usadas para legitimar as escolhas da prática de tombamento.

O primeiro caso é da Capelinha da Jaqueira, tombada pelo processo n. 133-T-1938. Todavia, esse tombamento se deu a partir de uma disputa entre o Sphan e a herdeira do espólio de Bento José da Costa, que foi dono da Capela. A herdeira, a senhora Ana Isabel, vai entrar com um pedido de impugnação e é para responder a essa impugnação que dois intelectuais e colaboradores do Sphan são convocados. Aníbal Fernandes e Gilberto Freyre são chamados como representantes do órgão federal de preservação, para concederem o parecer pela manutenção do tombamento da capela (Sphan, 1938).

Aquilo que fosse dito pelos dois intelectuais era tido como um discurso de autoridade sobre a preservação de bens em Pernambuco, visto que, desde a década de 1920, estavam envolvidos com políticas de preservação e participaram da fundação da Inspetoria Estadual dos Monumentos Nacionais (Rodrigues, 2012).

Nesse processo, vamos ter acesso ao parecer contra a impugnação, assinado por Freyre e Aníbal Fernandes e, também, a um ofício de Ayrton de Almeida Carvalho, em que, em momentos distintos, os três intelectuais produzem, especificamente nesse caso, um mesmo discurso em defesa da capela e do parque da Jaqueira, de sua patrimonialização e preservação.

No parecer, Aníbal e Freyre dizem que o tombamento da capela deve ser mantido por inúmeras razões: "pela sua architectura, pelos azulejos, [...] dos mais raros e mais bellos que se encontram nas egrejas de Pernambuco" (Sphan, 1938, p. 5). Com esse discurso, os intelectuais estão agindo em coerência ao Decreto-lei n. 25, de 1937, que institui o status jurídico do tombamento e que, em seu Art. 1º, fala em valor artístico, ou mesmo em bens que tenham interesse público.

Aníbal e Freyre funcionam como agentes do estado que não só legitimam o Decreto-lei n. 25, de 1937, bem como seus efeitos. Não falamos dos efeitos diretos relacionados ao ato de tombar, porém aos efeitos representativos e simbólicos que criam uma concepção de patrimônio a ser tombado no Brasil e, nesse caso, mais especificamente, em Pernambuco.

No fim do parecer, eles dizem: "o tombamento da capelinha da Jaqueira obedeceu rigorosamente ao espírito de defesa do nosso passado histórico" (Sphan, 1938, p. 5). Isso porque Aníbal faz questão de relacionar a capela a um personagem que esteve envolvido na Revolução de 1817, o senhor Domingos José Martins, considerado, no parecer, como "um dos heroes e martyres da Revolução" (Sphan, 1938, p. 5), alertando, ainda, que o corpo do suposto herói se encontra, ali, "sepultado".

Sendo o parecer assinado por Aníbal e, logo depois, ratificado por Freyre, quando, ao assinar, ele diz "também é o meu" (Sphan, 1938, p. 6), ou seja, assinando literalmente embaixo de tudo que foi dito, os dois intelectuais deixam evidente que o caminho para a patrimonialização em Pernambuco deve ser por esse discurso que, ao tombar, relaciona o bem com fatos históricos memoráveis, tal qual indica o Decreto-lei n. 25, de 1937. Todavia, não é qualquer fato histórico, mas aquele que, de alguma forma, apresenta simbolismos para criação de uma identidade pernambucana.

Ayrton vai se juntar a Freyre e Aníbal, anos mais tarde, em defesa do Parque da Jaqueira, porém usando discurso semelhante, quando, em 1945, segundo Pereira (2012), em telegrama enviado para Rodrigo Melo Franco de Andrade, alerta sobre a necessidade de incluir junto ao tombamento da capelinha a proteção ao entorno que se caracteriza pelo parque.

Na correspondência, Ayrton justifica que devem ser tomadas providências para evitar iniciativas de loteamento (Pereira, 2012). Com esse discurso, Ayrton não só legitima a manutenção do tombamento da capela, como amplia seus efeitos. Destarte, o próprio Aníbal, no parecer citado, já atentava para a justificativa de que, se o tombamento não acontecesse, era provável que a capelinha fosse destruída e o local fosse loteado.

Assim, os três intelectuais, preocupados com uma questão histórica, fabricam fatos memoráveis atrelados ao bem, à beleza estética e rara narrada ou, mesmo, preocupação com especulação imobiliária e se utilizam dessas justificativas para patrimonializar bens em Pernambuco que, de alguma forma, tenha relação de pertencimento com o lugar.

Os discursos presentes no processo de tombamento da Jaqueira também são coerentes com as narrativas presentes nos artigos dos intelectuais analisados, uma vez que se apropriam de uma arquitetura colonial, lusa e religiosa, para justificar o tombamento da Capela da Jaqueira, fazendo com que suas trajetórias se cruzem, do mesmo modo, nas práticas de tombamento.

No processo do tombamento do Palácio Episcopal e do Seminário de Olinda, temos a participação de Freyre e Aníbal. Nesse processo, Freyre não só vai ratificar o parecer de Aníbal, concordando com o pedido de tombamento do bem, feito pelo amigo, mas vai afirmar, em seu parecer, que Aníbal "por proposta minha" (Sphan, 1938, p. 9) ocupara um cargo técnico no órgão federal de preservação. Ou seja, para estabelecer um lugar de autoridade para Aníbal Fernandes, tentando, talvez, anular qualquer efeito do pedido de impugnação por seu status de intelectual, talvez, superior ao de Aníbal e, ainda, porque, nesse momento, ocupava o cargo de representante regional em Pernambuco, enquanto Aníbal estava com o encargo dos serviços técnicos.

Outro processo que constatamos ser ponto de encontro entre esses intelectuais foi o processo 1.155-T-1979/1988 do tombamento arquitetônico de Olinda. Nele, teremos a participação de Freyre e Ayrton de Carvalho, novamente preocupados com especulação imobiliária e apoiando o tombamento urbano e paisagístico de Olinda.

A participação de Freyre se dá, enquanto presidente do Conselho Estadual Cultural, no primeiro pedido de tombamento e defesa da paisagem de Olinda. O intelectual envia um ofício para Ayrton, informando da aprovação unânime da defesa paisagística de Olinda pelo Conselho Estadual de Cultura, por meio da "Comissão do Patrimônio Histórico e Artístico deste colegiado, [...] tenho a honra de encaminhar [...] o parecer e respectivas plantas elaboradas pelo arquiteto José Luiz Mota Menezes" (Sphan, 1988, p. 47).

Um ano antes, em 1974, Freyre já havia enviado outro ofício para Ayrton, legitimando as preocupações do amigo, em relação à defesa de Olinda e garantindo que levaria a preocupação "às autoridades competentes, no sentido de ser preservada em torno de Olinda uma zona livre de edificações, pelos motivos expostos em pareceres de técnicos da UNESCO" (Sphan, 1988 p. 75).

Com o ofício de 1974 e o de 1975, Freyre demonstra o quanto teve poder na configuração e defesa paisagística de Olinda. Esse ofício responde ao pedido de Ayrton, para incluir, enquanto algo a ser protegido e salvaguardado, o entorno do centro histórico de Olinda, feito no fim da década de 1960. Novamente, esse tombamento ocorre com a participação de dois intelectuais que, nesse momento, funcionavam como agentes do estado e que agiam em defesa de Olinda com um discurso coeso e homogêneo, que obteve sucesso, tendo em vista que a aprovação ocorreu por unanimidade.

Gilberto Freyre participará ainda, dentre outros processos, do Processo da Igreja do Bom Jesus dos Martírios, participação essa que se se dará em relação à demolição da igreja para construção da Avenida Dantas Barreto, em Recife. Não nos interessa aqui o processo de tombamento ou destombamento do bem, mas os discursos publicados no Diário de Pernambuco que evidenciam a posição de Freyre na querela que se formou em relação a demolição da igreja.

A Igreja do Bom Jesus dos Martírios foi tombada em 1971 e destombada em 1972, quando o prefeito de Recife, Augusto Lucena, decide concretizar planos de abertura de uma via. O plano fazia parte dos objetivos do prefeito no primeiro mandato, na década de 1960, mas que ele pretendia concretizar no início da década de 1970 com um traçado que passava pela demolição da Igreja de Bom Jesus dos Martírios.

A partir da concretização do desejo de demolição dos Martírios, temos a entrada em cena de Gilberto Freyre. No momento, Freyre encontrava-se como presidente do Conselho Estadual de Cultura e, segundo Loretto (2008), o Conselho arquivou o pedido da irmandade em prol da Igreja, pois não acreditava que a demolição viesse a ocorrer.

Talvez pudéssemos falar em negligência, omissão por parte do Conselho, pois quando os planos do prefeito vão adiante é que temos a atuação de Freyre, ainda que contraditória, pois se posiciona contrário á demolição, mas depois acaba aceitando o traçado da avenida Dantas Barreto e a extinção da Igreja dos Martírios.

Vejamos um dos primeiros discursos de Freyre, sobre a atuação do prefeito de Recife e sua intenção em relação à estruturação urbana da cidade. É na edição de 04 de julho de 1971 que Freyre demonstra seu descontentamento com a política de Augusto Lucena, numa matéria no Diário de Pernambuco, intitulada: "Em prol do Recife" (Diário de Pernambuco, 1971). O título da matéria é representativo, pois traz a significação de quem está em defesa de Recife, logo, pontuado que o prefeito Augusto Lucena está agindo em contraposição ao Recife.

No discurso, Freyre configura a atuação de Lucena dizendo que o prefeito foi tomado por um "furor de destruição imediata e maciça do bairro de São José" incluindo aí a Igreja dos Martírios e diz que essa atuação está pautada parafraseando Sorel no "mito do progresso". (Diário de Pernambuco, 1971). Portanto, a crítica de Freyre é pontual, o intelectual configura como destruição a atuação do prefeito do Recife em relação ao bairro do São José, sem ponderar, ele deixa clara sua opinião em relação aos objetivos do prefeito para a abertura da avenida Dantas Barreto.

Gilberto Freyre apresenta outras possibilidades de traçado para o Recife em relação à questão urbana e especificamente ao bairro de São José, tentando demonstrar que existem outras possibilidades para além daquelas que objetivam o prefeito do Recife. Pois, de acordo com Freyre, "salvaria [...] fatias preciosas do bairro de São José [...] E conciliaria necessidades de tráfego." (Diário de Pernambuco, 1971). Assim, o intelectual apresenta uma alternativa que não inviabiliza as transformações pensadas por Lucena para o bairro de São José, mas associa problemas urbanos e preservação de "fatias" do bairro que tem representação histórica para Pernambuco.

No entanto, Freyre, ainda que na década de 1970 já fosse um sociólogo consagrado enquanto intelectual brasileiro e uma autoridade, quando se fala em patrimônio pernambucano, por toda sua trajetória, aqui já apresentada, nos chama atenção a ousadia do intelectual quando diz: "Se eu fosse o prefeito Lucena – sempre bem intencionado porém, por vezes um tanto desorientado me dedicaria à Avenida Beira Rio". Ou seja, Freyre observa que o prefeito tem boa intenção, mas ao chamá-lo de desorientado e dar a ele outras possibilidades de urbanização no Recife, ele acaba por depreciar o objetivo do prefeito ou mesmo ironizar essa suposta boa intenção e finaliza suas sugestões falando em equilíbrio entre "A natureza e a arte. A tradição e a modernização" (Diário de Pernambuco, 1971).

Portanto, Freyre estava preocupado, entre outros fatores, com a destruição do bairro de São José, da Igreja dos Martírios, enquanto símbolos de tradição, representação do passado pernambucano. Tanto é assim que o intelectual faz menção ao fato de que as diversas instâncias do poder público estadual e municipal deveriam ter apreço pelo "passado da cidade" (Diário de Pernambuco, 1971).

Segundo Arantes (1984, p. 8), "o interesse pela defesa de estruturas arquitetônicas, [...] decorre sem dúvida do desejo de manter laços de continuidade com o passado". Talvez Freyre não quisesse se desfazer desses laços e por isso fala em defesa da igreja dos martírios.

Para finalizar, Freyre esboça preocupação com a destruição da identidade recifense, ancorada na tradição presente no bairro de São José. Segundo o sociólogo: "rejeitar ao seu passado é, sem dúvida alguma, trair-se o que o Recife tem de mais seu. O que lhe é essencial. O que é singularmente recifense." (Diário de Pernambuco, 1971). Dessa forma, para Freyre parte da essência do Recife está na tradição, no passado representado pelo bairro de São José, pela Igreja dos Martírios.

Com esse discurso, Freyre volta a defender a identidade pernambucana, a partir do Recife e ao falar em essência remete ao conceito identitário iluminista, centrado, unificado e coerente (Hall, 2006, p. 10). A narrativa do intelectual é coerente com a dos diretores da autarquia federal de preservação, guardada as suas especificidades. Segundo Gonçalves (1996, p. 62), "a nação é objetificada como uma 'busca' pela identidade". É o que o sociólogo pernambucano também busca.

No entanto, o discurso de Freyre começa a mudar de "tom", logo após a visita do prefeito Augusto Lucena. No encontro, o prefeito retrata a importância da construção da Avenida Dantas Barreto e a funcionalidade da avenida para melhorar o tráfego. Logo após, em reportagem do Diário de Pernambuco, em agosto de 1971, os argumentos do sociólogo em relação à Igreja dos Martírios é de que "se o templo é realmente irrecuperável e se constitui em permanente ameaça à vida dos que residem nas suas proximidades então não hesita em apoiar a demolição" (Diário de Pernambuco, 1971). Essa narrativa especifica, apenas, a Igreja dos Martírios, ou seja, Freyre já não questiona mais a suposta destruição do bairro do São José e dessa forma a querela e os argumentos produzidos e apresentados em edições anteriores no jornal perdem força e ganham novos contornos.

Segundo o Diário de Pernambuco, de 19 de agosto de 1971, "o escritor Gilberto Freyre sugeriu que o prefeito Augusto Lucena mantenha novos entendimentos com o Patrimônio Histórico e consiga trazer ao Recife o [...], sr. Renato Soeiro, para que fique oficialmente constatada a falta de estabilidade da igreja". Ao que parece, Freyre não queria ser responsável por decretar a estabilidade da igreja e, por isso, aconselha ao prefeito de Recife que essa tarefa fosse feita pelo próprio diretor do Iphan. Ou, ainda, talvez Freyre tivesse a expectativa de que Soeiro barrasse o processo de demolição do bem.

Segundo o Diário de Pernambuco de 19 de agosto de 1971, Soeiro delibera contra a demolição da igreja e pede que as paredes e a base da igreja sejam conservados. Todavia, a igreja passa pelo destombamento autorizado pelo governo federal. Atitude autoritária e que frustra os anseios do Iphan e também de Freyre. Poderíamos dizer que a despatrimonialização da igreja foi unilateral, porém o fato do 1º Distrito do Iphan, na figura de Ayrton de Carvalho ter aprovado a planta inicial para abertura da avenida Dantas Barreto, na década de 1960, acaba levando uma decisão de gabinete a ganhar outros contornos.

Segundo Chuva (2009, p. 148),

> [...] os agentes do Sphan lutavam efetivamente para atuar e intervir na definição de padrões de ocupação do espaço urbano, [...] Por outro lado, ficou patente que seu poder de barganha era relativo, num caso em que poderosos interesses econômicos e políticos estavam em jogo.

Embora Freyre não fosse agente do Iphan na década de 1970, Soeiro foi contra a demolição da igreja dos martírios e mesmo assim seu destombamento e demolição aconteceu. Os interesses econômicos e principalmente políticos do prefeito do Recife foram superiores, fazendo com que o tombamento que havia acontecido um ano antes fosse simplesmente atropelado.

Numa edição do Diário de Pernambuco de 16 de janeiro de 1972 foi publicada uma resposta de Freyre aos questionamentos feitos a ele em relação à decisão da Presidência da República. Freyre relata "não me sentirei nem de longe derrotado". (Diário de Pernambuco, 1972). Segundo o intelectual, o que era possível foi feito, mas ele aponta um culpado, a autarquia federal de preservação, não por suas atitudes na década de 1970, mas por suas atitudes enquanto representação regional com Ayrton de Carvalho, quando da aprovação da planta que projetava a abertura da avenida Dantas Barreto.

Freyre é taxativo ao configurar a instituição como responsável pela omissão em relação ao caso da Igreja dos Martírios e finaliza seu relato descontente, advertindo que o caso dos martírios sirva de lição.

Dessa forma, a posição de Freyre em relação à Igreja dos Martírios revela ousadia quando configura negativamente o prefeito do Recife por suas aspirações para construção da Avenida Dantas Barreto, mas também revela uma postura, por vezes, contraditória, quando é convencido pelo prefeito de que a igreja, da forma como estava, representava um perigo.

Entretanto, apesar de Freyre ter participado da inauguração, enquanto espetáculo público, da Avenida Dantas Barreto, seu relato no Diário de Pernambuco de 16 de janeiro de 1972 evidencia que Freyre tentou jogar com as estratégias postas para a demolição da Igreja dos Martírios, uma vez não tendo sucesso, lhe restou culpar a gênese do problema, ou seja, a aprovação da planta na década de 1960 por parte da representação regional do patrimônio em Pernambuco.

Assim, a querela em torno dos Martírios chegou ao fim, sem sucesso por parte de Freyre, mas sem culpa por entender que fez de tudo e que o resultado foi conciliador, guardadas as proporções do momento.

Dessa forma, foi possível percebermos o quanto Freyre foi protagonista em defesa da manutenção e preservação dos patrimônios pernambucanos, seja apontando os bens a serem tombados, os intelectuais que deveriam ocupar os espaços de atuação regional de representação da autarquia federal de preservação do patrimônio no Brasil. Freyre ironizou, esbravejou, dialogou, cedeu, conceituou, definiu, atuou intensamente à frente do patrimônio pernambucano, ainda que ocupasse cargos diferentes em instituições diferentes, mas esteve sempre como protagonista em relação ao patrimônio pernambucano.

Como marco referencial do patrimônio em Pernambuco, Freyre esteve sempre em evidência, com uma narrativa em defesa das igrejas, das obras de arte e arquitetura que representavam historicamente o passado pernambucano e até mesmo quando foi ousado, "atrevido" e questionou objetivos de políticos, tal qual o prefeito de Recife na década de 1970, Augusto Lucena. Freyre foi ouvido e ainda que por força de autoritarismo federal, seus anseios, num raro momento, tenham sido ignorados ou atropelados, ele continuou em evidência, configurando o fracasso em torno da defesa dos martírios como culpa de atitudes anteriores da representação regional do Iphan, tentando assim enfatizar que uma vez aprovada a planta da avenida Dantas Barreto, a atitude do presidente da república foi conciliatória e própria para a querela do momento.

Fontes

FREYRE, Gilberto Freyre. Sugestões para o estudo da arte brasileira em relação com a de Portugal e a das colônias. **Revista do Serviço do Patrimônio Histórico e Artístico Nacional**, v. 1. Rio de Janeiro: Ministério da Educação e Saúde, 1937.

FREYRE, Gilberto Freyre. Casas de Residência no Brasil – Introdução. **Revista do Serviço do Patrimônio Histórico e Artístico Nacional**, v. 7. Rio de Janeiro: Ministério da Educação e Saúde, 1943

DIÁRIO de Pernambuco. 04 de julho de 1971.

DIÁRIO de Pernambuco. 19 de agosto de 1971.

DIÁRIO de Pernambuco. 16 de janeiro de 1972.

SPHAN – Serviço do Patrimônio Histórico e Artístico Nacional. Processo de tombamento n. 133-T-1938. **Arquivo do Central do Iphan**. 1938.

SPHAN – Serviço do Patrimônio Histórico e Artístico Nacional. Processo de tombamento nº 1.155-T-1979/1988. **Arquivo do Central do Iphan**. 1988.

Referências

ARANTES, Antonio Augusto. **Estratégias de Construção do patrimônio cultural**: Produzindo o passado. Brasiliense, 1984.

CHUVA, Márcia. **Os arquitetos da memória** – sociogênese das práticas de preservação do patrimônio cultural no Brasil (anos 1930-1940). Rio de Janeiro: Editora UFRJ, 2009.

FOUCAULT, Michel. **A ordem do discurso**: aula inaugural no Collège de France, pronunciada em 2 de dezembro de 1970. Campinas: Loyola, 1996.

FOUCAULT, Michel. **Microfísica do Poder**. Rio de Janeiro: Edições Graal, 1979.

GASPAR, Lúcia. Gilberto Freyre. **Pesquisa Escolar Online.** Fundação Joaquim Nabuco, Recife, 2003. Disponível em: http://basilio.fundaj.gov.br/pesquisaescolar. Acesso em: 01 out. 2019.

HALL, Stuart. **A identidade cultural na pós-modernidade.** 10. ed. Rio de Janeiro: Lamparina, 2006.

LANARI, Raul Amaro de Oliveira. **Patrimônio por Escrito:** a política editorial do Serviço do Patrimônio Histórico e Artístico Nacional durante o Estado Novo (1937-45). 207f. Dissertação (Mestrado em História) – Universidade Federal de Minas Gerais, Belo Horizonte, 2010.

LORETTO, Rosane Piccolo. **Paraíso e Martírios:** Histórias de Destruição de artefatos urbanos e arquitetônicos. Dissertação (Mestrado em Desenvolvimento Urbano) – Universidade Federal de Pernambuco, Recife, 2008. 274f.

PEREIRA, Juliana Melo. **Admiráveis insensatos:** Ayrton Carvalho, Luís Saia e as práticas no campo da conservação no Brasil. 131f. Dissertação (Mestrado em Desenvolvimento Urbano) – Universidade Federal de Pernambuco, Recife, 2012.

RIBEIRO, Robson Orzari. **Revista do Patrimônio Histórico e Artístico nacional:** a história da arte engajada na política de preservação no Brasil. 279 f. Dissertação (Mestrado em História da Arte) – Instituto de Filosofia e Ciências Humanas, Unicamp, Campinas, 2013.

RODRIGUES, Rodrigo José Cantarelli. **Contra a conspiração da ignorância com a maldade:** A Inspetoria Estadual dos Monumentos Nacionais e o Museu Histórico e de Arte Antiga do Estado de Pernambuco. 184f. Dissertação (Mestrado em Museologia e Patrimônio) – Universidade Federal do Estado do Rio de Janeiro, Rio de Janeiro, Brasil, 2012.

SILVA, André Fabrício. **Alicerces do patrimônio:** Rodrigo Melo Franco de Andrade e as narrativas de patrimonialização na revista do Serviço do Patrimônio Histórico e Artístico Nacional (1937--1945). 162f. Dissertação (Mestrado em Museologia e Patrimônio) – Universidade Federal do Estado do Rio de Janeiro/Museu de Astronomia e ciências afins, Rio de Janeiro, 2019.

3.3 AYRTON DE ALMEIDA CARVALHO: O RESPONSÁVEL TÉCNICO

Ayrton de Almeida Carvalho, pernambucano e com formação em Engenharia, é um dos três intelectuais envolvidos em tombamentos de bens em Pernambuco. Segundo Pereira (2012, p. 55), "Apesar de jovem e recém-formado", tratava-se de um engenheiro que tinha, no currículo, o trabalho com outros intelectuais de renome nacional e, por isso, acabou galgando seu espaço.

Ayrton "foi estagiário de Luís Nunes, na Diretoria de Arquitetura e Construção (DAC)" (Pereira, 2012, p. 90). Essa diretoria foi criada em 1934, dissolvida em 1935 por querelas políticas, mas ressurgiu em 1935 como Diretoria de Arquitetura e Urbanismo (DAU), dessa vez com a presença do paisagista Roberto Burle Marx, dentre outros arquitetos, e Ayrton continuou como estagiário, agora responsável pela Seção de materiais (Pereira, 2012).

Segundo Pereira (2012, p. 90-95), o trabalho de Ayrton como estagiário lhe possibilitou participar de alguns projetos para construções consideradas "emblemáticas", como a "Caixa d'Água de Olinda". Paralelo ao seu trabalho como estagiário, "formou-se em 1939, pela Escola Livre de Engenharia de Pernambuco".

O fato de ter formação em Engenharia pela Escola Livre de Engenharia de Pernambuco e ter conseguido trabalhar com sujeitos de prestígio profissional e/ou social, como Luís Nunes, significa que transitou por espaços de poder, tidos como privilegiados.

Segundo Pereira (2012), concomitante as atividades de estágio e aos estudos no curso de arquitetura, atuou como professor substituto de arquitetura e urbanismo ainda em 1936, mas em 1950 se tornou professor catedrático da Universidade do Recife, onde permaneceu até sua morte.

Ayrton de Carvalho também fez a publicação de um artigo na *Revista do Sphan* de número 06, publicada em 1942, intitulado: "Algumas notas sobre o uso da pedra na Arquitetura Religiosa do Nordeste". Nesse artigo, Ayrton descreve as principais igrejas que usaram alguns tipos de pedra em sua composição, tornando-as excepcionais. As descrições mais contundentes são das igrejas de Pernambuco e, por fim, o engenheiro sugere um estudo sobre o motivo do uso de determinadas pedras na arquitetura das igrejas (Carvalho, 1942).

Ayrton era considerado bem relacionado socialmente e, segundo Pereira (2012, p. 57), "constituiu uma rede de relações bem estabelecidas com o corpo docente da Universidade do Recife, além de setores da administração Estadual e Municipal" quando da ocupação do cargo de professor e também de estagiário.

Assim, suas narrativas eram bem recebidas tanto no campo intelectual quanto no burocrático administrativo, facilitando suas ações e/ou projetos diante da patrimonialização de bens em Pernambuco.

Segundo Pereira (2012, p. 57),

> Os primeiros tombamentos da 4ª Região/1º Distrito, contemplaram principalmente exemplares da arquitetura religiosa do século XVII, Monumentos como o Conjunto Franciscano de João Pessoa, o Mosteiro de São Bento, em Olinda, a Capela da Jaqueira [...] e a Igreja de São Pedro dos Clérigos, no Recife, foram tombados pelo excepcional valor artístico e, por vezes, histórico. Além das religiosas, as edificações militares também foram tombadas: o Forte Orange, em Itamaracá, o Forte do Pau Amarelo, em Olinda, o Forte das Cinco Pontas e do Brum, no Recife, remetiam valores que não deveriam ser esquecidos pela nação.

Dessa forma, estando Ayrton à frente da 4ª região, seu olhar para o patrimônio seguiu a mesma seleção orientada por Freyre para Pernambuco. Contemplando arquitetura religiosa e/ou militar, com discursos coerentes com o Decreto-lei n. 25, de 1937, percebemos que o papel de Ayrton, em Pernambuco, embora não tenha se diferenciado muito do de Freyre, ou mesmo de Aníbal, seguindo, na prática, os critérios e argumentos pregados por esses dois intelectuais, do que deveria ser contemplado enquanto patrimônio em

Pernambuco. Porém sua atuação foi mais técnica, mais intensa, duradoura e mais audaciosa.

De acordo com Pereira (2012), talvez, possamos considerar um outro diferencial na atuação de Ayrton à frente do Sphan em Pernambuco, qual seja, sua posição de burocrata e engenheiro-arquiteto preocupado com a questão urbana, intervindo em transformações da cidade que pudessem, de alguma forma, ser um entrave para a manutenção dos bens patrimonializados.

Assim, Ayrton ingressou no Sphan em 1939 para ocupar a 4ª região com função técnica junto a Gilberto Freyre, posteriormente, na década de 1940 foi criado o 1º Distrito com sede em Recife e com funções mais específicas relacionadas aos tombamentos e as restaurações de bens já tombados no estado. Dessa forma, Ayrton se torna representante oficial do Sphan em Pernambuco (Pereira, 2012).

Não sabemos, exatamente, até quando Ayrton esteve oficialmente ligado ao Sphan, porém observamos que sua assinatura e seus pareceres em processos de tombamentos constam até o fim da década de 1980.

Ayrton participou ativamente de diversos processos de tombamentos de bens em Pernambuco, atuando a favor, contra ou pedindo tombamento de bens. A sua função técnica lhe propiciou o lugar de autoridade no estado em relação aos tombamentos.

Dito isso, vamos analisar a participação de Ayrton em relação à restauração do Convento de Santo Antônio em Ipojuca, no Pernambuco, quando o frei, guardião do Convento, enviou um documento ao diretor do Sphan, pedindo autorização/licença para realizar algumas obras de restauração. Ayrton, como representante regional, responsável técnico em Pernambuco, realiza visitas ao local para informar ao diretor do Sphan sobre a necessidade e, portanto, o deferimento ou não do pedido de licença para restaurar.

No ofício de número 59, de 1940, Ayrton informa ao diretor do Sphan que fez três viagens para visitar o Convento. Ao que parece,

Ayrton se mostra profundamente descontente com o estado de conservação e com restaurações já feitas.

Segundo Ayrton, após um incêndio, sofrido em 1935: "as partes mutiladas pelo fogo foram inteiramente refeitas, os altares e o fôrro não oferecem atualmente, nenhum interesse artístico são ao contrário ao nosso ver: ridículos." (Iphan, 1940, p. 2). Essa fala de Ayrton, narrando o estado do Convento, é emblemática. Ele está analisando um bem, tombado, que está prestes a passar por restauração. No entanto, a fala do representante do Sphan naquele momento demonstra ter sido o bem totalmente descaracterizado e revestido de feiura, portanto, esteticamente deformado.

Com essa narrativa, Ayrton abre o precedente para que a restauração seja feita, pois o bem já havia sido descaracterizado, não restando muito o que preservar internamente.

Entretanto, Ayrton observa que a restauração deve ser consentida, pois vai "restabelecer o velho cadeiral do côro salvo do incêndio e que se acha atualmente desmontado" (Iphan, 1940, p. 2). Compreendemos que essa narrativa representa a "salvação" do que foi descaracterizado, ou seja, reestabelecer o cadeiral do côro é recolocar algo que fazia parte do Convento quando ele foi tombado, é devolver um pouco do seu suposto valor.

Ao mesmo tempo, nos chama atenção a palavra "ridículos". As palavras escolhidas por ele para identificar a então atual situação do convento são proferidas por quem tem autoridade e liberdade diante da autarquia federal de preservação. Sem meias palavras, Ayrton, de sua posição no Sphan, deixa claro que o Convento de Santo Antônio não tem, se quer, valor artístico. Talvez a irritação de Ayrton se dê em função da cobrança do Frei, guardião do Convento. O documento enviado pelo frei a Rodrigo Melo Franco de Andrade reclama da falta de comunicação com Ayrton em relação à licença para restauração.

O representante do Sphan em Pernambuco faz questão de observar que a faixada do bem foi conservada. Segundo Ayrton, "O aspecto externo do convento, no mais, não foi alterado e sua conservação é de modo geral satisfatória." (Iphan, 1940, p. 2). Por que o representante da autarquia federal em Pernambuco faz questão de dizer que externamente o convento está conservado? Porque no documento enviado pelo guardião do Convento, além do pedido de restauração, também é feito o pedido de cancelamento do tombamento.

Nesse sentido, Ayrton compreende que era preciso uma justificativa para a manutenção do tombamento do bem. Tanto é assim, que no ofício, em resposta ao frei, Ayrton em nenhum momento retrata o pedido de cancelamento, isso é totalmente ignorado em sua resposta.

De maneira objetiva, sem uma narrativa muito longa e de forma técnica, o engenheiro "deixa claro" seus objetivos em relação ao convento e encerra a querela.

Em 1964, Ayrton se envolve numa querela em relação ao Convento de Nossa Senhora do Carmo de Olinda. Trata-se do uso, pelo 1º Distrito da Dphan (Diretoria do Patrimônio histórico e Artístico Nacional 1946-1970), de oficinas pertencentes ao Convento do Carmo de Olinda desde 1950.

O arcebispo de Olinda e Recife faz um pedido de desocupação das oficinas, para que o espaço seja disponibilizado, de modo integral, aos eventos católicos da igreja. Por meio de ofício, Ayrton se posiciona: "nisso acordamos, - no deferimento da utilização plena, logo possível, do convento, pelos postulantes, - porque entendemos, seja o objetivo natural do templo religioso ficar a serviço exclusivo do culto" (Dphan, 1964, p. 12). Dessa forma, o chefe do 1º Distrito se coloca a favor da devolução das oficinas.

Esse episódio passou por várias instâncias da autarquia federal de preservação, passou pelo ministério da fazenda e até pelo então presidente da república, porém o Diretor do Sphan no momento, Renato Soeiro, deliberou contra e, portanto, indeferiu o pedido do arcebispo.

No entanto, mesmo para deliberar contra, Soeiro é cuidadoso, faz questão de falar em Ayrton e explicitar que o chefe do 1º

Distrito havia dado explicações sobre a situação, porém de acordo com Soeiro (Dphan, p. 1940), era difícil encontrar outro local para guardar o material que se encontrava nas oficinas, pois os espaços disponíveis eram pequenos.

Apesar de Soeiro ser respeitoso com Ayrton, talvez pela autoridade regional por ele representada e, portanto, demonstrar certa parceria na atuação da autarquia federal de preservação com Pernambuco, por meio do chefe do 1º Distrito, segundo Pereira (2012), a relação de Ayrton com os diretores da autarquia federal de preservação nem sempre foi amistosa.

De acordo com Pereira (2012, p. 60),

> Ayrton Carvalho fez manobra com as verbas mínimas que lhe foram fornecidas, muitas vezes em desacordo com a Área Central, teve querelas com padres, que teimavam em reformar igrejas tombadas, e proprietários displicentes, que deixavam edificações em ruínas. Brigou, literalmente, com Deus e o mundo, para fazer cumprir a salvaguarda do patrimônio histórico e artístico.

Nesse sentido, a atuação de Ayrton e do Diretor do órgão federal de preservação nem sempre estavam afinadas, apesar de suas narrativas serem coerentes, a forma de agir de Ayrton parecia ser bem autônoma e autossuficiente. Assumiu a salvaguarda do patrimônio como causa sua, sofrendo as consequências de suas manobras, inclusive quando deixou Rodrigo Melo Franco de Andrade descontente, pois Segundo Andrade (1950 *apud* Pereira, 2012, p. 59), "O Ayrton, tem pois de deliberar se lhe convém ou não a minha chefia". Essa fala exemplifica o quando Ayrton agia de maneira autônoma, passando por cima dos seus superiores hierárquicos.

Diante desse contexto da atuação de Ayrton, nos questionamos por que sua atuação no órgão federal de preservação foi tão longa? Se um de seus diretores, o mais renomado, se desentendeu e sentiu sua autoridade ameaçada pela autonomia e ousadia de Ayrton.

Talvez tenha sido o lugar de autoridade de Ayrton, ocupado na regional de Pernambuco, que lhe conferiu status e tolerância diante dos desentendimentos, visto que era considerado um importante elo entre a autarquia federal de preservação e a 1ª regional. Isso é exemplificado pela sua participação em inúmeros processos de patrimonialização, inclusive, o *Jornal Diário de Pernambuco*, em períodos históricos diferentes, reporta a participação do técnico em relação a diversos bens tombados e/ou restaurados.

Todavia, também não desconsideramos que os laços de amizade entre Ayrton e Rodrigo tenham comedido as tensões profissionais, fazendo com que alguns desentendimentos fossem passageiros. Tanto é assim que em 1969, no *Diário de Pernambuco*, encontramos uma nota colocada por Ayrton, convidando parentes e amigos para a missa de sétimo dia de morte de Rodrigo Melo Franco de Andrade, a quem Ayrton se refere como "amigo e padrinho" (Diário de Pernambuco, 1969).

Analisando outras edições do *Diário de Pernambuco*, como uma edição de 1954, encontramos uma reportagem sobre a participação de Ayrton na inauguração de uma obra urbana que não tinha relação com o Sphan, mas era considerada uma obra urbana vultuosa. Trata-se do lançamento da pedra fundamental do hospital da restauração, na ocasião, segundo o jornal, Ayrton proferiu um discurso. A fala de Ayrton é reproduzida no jornal e enfatiza de maneira elogiosa o ex-governador de Pernambuco, Agamenom Magalhães, que teria idealizado o hospital, mas não estava vivo para dar continuidade à obra (Diário de Pernambuco, 1954). A participação de Ayrton nesse lançamento reforça o argumento de Pereira (2012, p. 73), de que "Ayrton Carvalho foi, sobretudo, um urbanista". Um urbanista que se preocupava não só com a preservação de determinados bens, mas com a modernização e construção de obras grandiosas para o estado de Pernambuco.

Numa outra edição do *Diário de Pernambuco*, de dezembro de 1959, é possível encontrar uma nota sobre o pagamento de certa quantia a Ayrton, pelo prefeito de Recife, com objetivo de que o chefe do 1º Distrito realizasse a restauração do Teatro Santa

Isabel. Se o prefeito delibera financeiramente sobre uma obra de restauração, não era só por ser o teatro importante, ou porque era também de sua responsabilidade numa provável parceria, mas provavelmente porque tinha confiança no trabalho de Ayrton. (Diário de Pernambuco, 1959).

Diante dessas duas reportagens, podemos concluir que Ayrton transitava bem em vários espaços burocráticos, seja do empresariado ou dos políticos com vistas a construção e/ou restauração de imóveis patrimonializados ou não.

Dentre as inúmeras reportagens sobre Ayrton, temos em 1956, seu nome atrelado à comissão de avaliação do Sítio Trindade, em Pernambuco, pois uma vez desapropriado, era preciso fixar o valor da indenização. Ayrton é visto como autoridade para participar da comissão, como representante da autarquia federal de preservação, mas também como engenheiro (Diário de Pernambuco, 1956).

No ano de 1972, o Sítio Trindade vai passar por tombamento a pedido do próprio Ayrton e entre as justificativas para o tombamento, temos: "a vinculação a fato memorável da história do Brasil [e o] excepcional valor histórico" (Cruz, 2016, p. 84/85). Obviamente, esse é um caso que exemplifica a intensidade da atuação do engenheiro, bem como a longevidade com que ocupou cargos que significavam representação direta do órgão federal de preservação na regional configurada em Pernambuco, pois atuou na desapropriação do Sítio Trindade e 20 anos depois no seu tombamento.

Em 1958, encontramos uma reportagem, no *Diário de Pernambuco*, questionando se o abandono do Teatro Santa Isabel, que já devia ter sido restaurado, é culpa de Ayrton. (Diário de Pernambuco, 1958). Essa reportagem dimensiona o quanto Ayrton era responsabilizado, seja por restaurar ou não restaurar, e por mais que o Diário de Pernambuco publique notas grandes para criticar e pequenas notas quando Ayrton supostamente cumpriu com a expectativa, portanto, percebemos um tratamento, por parte do jornal, diferenciado. Não podemos dizer, pela amostragem de edições do jornal que tivemos acesso, que Ayrton foi injustiçado, uma vez que protagonizou com muita propriedade seu lugar no campo do patrimônio.

Ainda sobre o Teatro Santa Isabel, em edição do *Diário de Pernambuco* de 11 de maio de 1962, uma reportagem traz reclamações ao fato de que, apesar de Ayrton ter visitado o Teatro, sua reforma não saiu do papel, porém na edição do mesmo jornal de 06 de janeiro de 1965, uma pequena nota no jornal comemora o fato de que o teatro está sendo recuperado e que a iniciativa para restauração teria sido de Ayrton. Portanto, a demora e a concretização do procedimento de restauração lhe é atribuído. O jornal acaba funcionando não só como meio de comunicação, mas como veículo de julgamento e cobrança das ações positivas ou impositivas de Ayrton.

Nos apropriamos de mais uma reportagem do *Diário de Pernambuco*, de 14 de abril de 1973, que traz a preocupação de Ayrton com o roubo de objetos da Igreja da Sé de Olinda. Segundo o Diário de Pernambuco, na opinião de Ayrton, "existe uma quadrilha organizada agindo nos templos", pois não seria a primeira vez que a Sé de Olinda teve objetos furtados, assim como outras igrejas. Aqui temos a preocupação do engenheiro com o roubo de objetos e, portanto, o cuidado com as "relíquias" que compõem o patrimônio em Olinda. Sua preocupação, para além da questão de zelo, é com a depredação da coisa pública, do patrimônio. Porém, a reportagem deixa algumas insinuações de que os roubos não são aleatórios, mas planejados e há rumores da participação de religiosos nos atos.

Assim, Ayrton também utilizou o *Diário de Pernambuco* como mecanismo de divulgação de suas ações positivas, de suas queixas e reclamações, quiçá, de uma "indireta" em relação aqueles envolvidos na depredação do patrimônio, como estratégia para que os envolvidos fossem punidos.

Nas décadas de 1970 e 1980, Ayrton aparece nas reportagens como representante da autarquia federal de preservação, porém não mais com a autoridade representada nas décadas anteriores, pois, ao que parece, se torna figura ilustrativa, quando da assinatura de convênios entre empresas e governos, com a Fundarpe ou ainda aparece com críticas em relação aos inventários. Segundo Ayrton, os inventários são facas de dois gumes, quando colecionadores portugueses acabam mandando buscar objetos na fonte, ou seja, em capelas e igrejas no Brasil, depredando o patrimônio.

Ao que parece, Ayrton acreditava que os inventários, em que pese servissem para o controle e fiscalização dos objetos de bens patrimonializados, também serviam para que colecionadores pudessem achar seus objetos de desejo (Diário de Pernambuco, 1975).

Ayrton também é presença constante nas décadas de 1970 e 1980 para falar da deterioração dos patrimônios, especialmente por causa do cupim, demonstrando que a autarquia federal e estadual de preservação do patrimônio fracassaram em relação aos cuidados com os bens e objetos patrimonializados.

O *Diário de Pernambuco* nos possibilitou perceber que Ayrton esteve ocupando cargos relacionados com a autarquia federal de preservação até 1989, quando encontramos, na edição de junho de 1989, uma reportagem na qual o engenheiro figura como representante da 4ª Regional da Secretaria do Patrimônio Histórico e Artístico Nacional.

Num outro processo de tombamento, do Forte de São Francisco em Olinda, temos novamente a participação ativa de Ayrton. A escolha desse processo se deu por ser um processo da década de 1980, quando o diretor do Iphan era Aloísio Magalhães, portanto, 40 anos depois do envolvimento de Ayrton com a restauração do Convento de Santo Antônio em Ipojuca, Pernambuco.

Nesse processo, o envolvimento de Ayrton se dá quando do tombamento do Forte de São Francisco. O representante regional envia um ofício para o diretor da então Fundação Nacional Pró-Memória, advertindo que "o pequeno forte não é bem tombado, mas de importância histórica, já que foi elemento presente nas campanhas do período holandês, neste estado, merecendo, assim, a sua inscrição na SPHAN" (Iphan, 1984).

Estamos na fase considerada Moderna da autarquia federal de preservação, mas o discurso de patrimonialização, mais de 40 anos depois da criação do Sphan, é usado com os mesmos argumentos da década de 1930. Ou seja, relacionar o bem a ser tombado com fatos, considerados históricos e heroicos para a construção da identidade pernambucana. Na década de 1980, esse discurso já não era mais coeso e nem homogêneo, por vezes já era questionado, mas Ayrton o mantém como justificativa para o tombamento do Forte. Segundo Fonseca (2005, p. 200), "a partir dos anos 70, a encontrar algumas dificuldades", entre essas dificuldades, a própria autoridade da autarquia federal de preservação passa a ser questionada, quando na primeira fase, o Sphan era autoridade absoluta no ato de tombar.

No entanto, a fala de Ayrton nos faz compreender que sua autoridade, enquanto representante regional da autarquia federal de preservação, ainda era reconhecida, autorizada e simbolicamente significativa, tanto é assim que nos demais documentos pedindo o tombamento do Forte, a narrativa de Ayrton, presente no ofício, aqui rapidamente analisado, é citada para justificar a patrimonialização do bem.

O último processo que analisaremos é o processo 1.155-T-1979/1988 do tombamento arquitetônico de Olinda. Nele, teremos a participação de Freyre e Ayrton de Carvalho, novamente preocupados com especulação imobiliária e apoiando o tombamento urbano e paisagístico de Olinda.

A participação de Ayrton se dá quando, por volta de 1988, o então chefe do 1º Distrito do Iphan articula a defesa do entorno de Olinda, seu centro e sua paisagem.

No entanto, Ayrton entra, novamente, em cena, diante da mesma questão que parecia já resolvida, mas que volta à cena em 1988, quando envia um ofício e dois documentos para o capitão dos Portos em Pernambuco. No ofício, Ayrton afirma o interesse de ambos serem "contra edificações que possam constituir agravo à ambiência da velha cidade" (Sphan, 1988, p. 16). Para ratificar os interesses, o intelectual envia "A proposta de reratificação do polígono de tombamento do Município de Olinda e seu entorno [e a] cópia de Ata de 117ª Reunião do Conselho Consultivo do Patrimônio Histórico e Artístico Nacional, realizada no dia 18 de novembro de 1985" (Sphan, 1988, p. 16). Com o envio dos documentos, Ayrton tem interesse em comprovar que o tombamento do entorno de Olinda já foi configurado, discutido e aprovado, uma vez que a capitania dos portos estava, naquele momento, fazendo estudo da situação.

É interessante salientar que, nesse momento, Olinda já era cidade monumento, portanto, a preocupação de Ayrton, além de ser com a especulação imobiliária no entorno do centro de Olinda, era com o fato de que o conjunto arquitetônico e paisagístico de Olinda já havia sido patrimonializado.

Enviar um documento que comprova a aprovação da rer-ratificação do tombamento de Olinda pelo Conselho Consultivo foi estratégico, visto que o Conselho tinha função de "dirimir" possíveis conflitos, como uma instância superior, garantia o exercício de articulação discursiva a respeito da racionalidade, com o triunfo do "interesse público", legitimando as práticas seletivas do SPHAN" (Chuva, 2009, p. 171).

Ayrton não ocupava mais o cargo de chefe do 1º Distrito do órgão federal de preservação, mas era delegado regional da 4ª região do Sphan/Pró-Memória. Na prática, foi apenas uma mudança na nomenclatura por causa da reestruturação do órgão, porém a função era a mesma. A defesa do centro histórico de Olinda e seu entorno era, também, a defesa de sua autonomia, quando outrora, na década de 1960, havia feito o pedido de rerratificação do tombamento da cidade.

Nesse sentido, pudemos compreender, a partir dos processos de tombamento e do *Diário de Pernambuco*, a atuação do engenheiro Ayrton de Carvalho, chefe da regional de Pernambuco, o quanto sua trajetória foi difusa, efervescente, por vezes afinada com a autarquia federal de preservação, outras vezes agindo com autonomia, sem seguir regras e protocolos. O fato é que Ayrton atuou em velhas e novas práticas de preservação em Pernambuco, por mais de 40 anos pôde contribuir no processo de fabricação da identidade pernambucana, pautada no patrimônio de pedra e cal, na arquitetura barroca, religiosa e/ou militar. Ayrton não esteve sozinho, foi amparado por outros intelectuais, a exemplo de Freyre e de Aníbal Fernandes. Sobre Aníbal Fernandes, conheceremos melhor sua trajetória no próximo tópico.

Fontes

CARVALHO, Ayrton. Algumas notas sobre o uso da pedra na arquitetura religiosa do Nordeste. **Revista do Serviço do Patrimônio Histórico e Artístico Nacional**, v. 6. Rio de Janeiro: Ministério da Educação e Saúde, 1942.

IPHAN – Instituto do Patrimônio Histórico e Artístico Nacional. Processo de tombamento n. 003 - T-1938. **Arquivo do Central do Iphan**. 1938a.

IPHAN – Instituto do Patrimônio Histórico e Artístico Nacional. Processo de tombamento n. 1.007 - T-1938. **Arquivo do Central do Iphan**. 1938b.

SPHAN – Serviço do Patrimônio Histórico e Artístico Nacional. Processo de tombamento n. 1.155-T-1979 -1988. **Arquivo do Central do Iphan**. 1988.

DPHAN – Diretoria do Patrimônio Histórico e Artístico Nacional. Ofício 205/64. *In:* Iphan. Processo de tombamento nº 003 - T-1938. **Arquivo do Central do Iphan**. 1938.

DIÁRIO de Pernambuco. 16 de maio de 1969.

DIÁRIO de Pernambuco. 27 de janeiro de 1954.

DIÁRIO de Pernambuco. 117 de dezembro de 1959.

DIÁRIO de Pernambuco. 19 de julho de 1956.

DIÁRIO de Pernambuco. 20 de maio de 1958.

DIÁRIO de Pernambuco. 05 de julho de 1975.

Referências

CHUVA, Márcia. **Os arquitetos da memória** – sociogênese das práticas de preservação do patrimônio cultural no Brasil (anos 1930-1940). Rio de Janeiro: Editora UFRJ. 2009.

CRUZ, Cássia Kelly Maria da. **Parques históricos da região metropolitana do Recife**: Processo de tombamento e preservação do patrimônio arqueológico. Dissertação (Mestrado em Arqueologia) – Universidade Federal de Pernambuco, 2016. 154f.

FONSECA, Cecília Londres. O **patrimônio em processo**: trajetória da política federal de preservação no Brasil. Rio de Janeiro: UFRJ; Iphan, 2005.

PEREIRA, Juliana Melo. **Admiráveis insensatos:** Ayrton Carvalho, Luís Saia e as práticas no campo da conservação no Brasil. 131f. Dissertação (Mestrado em Desenvolvimento Urbano) – Universidade Federal de Pernambuco, Recife, 2012.

3.4 ANÍBAL FERNANDES: UM "TÍMIDO" COLABORADOR

Como vimos, Freyre e Ayrton foram grandes articuladores dessa prática de tombamento e preservação do patrimônio no Nordeste, mas não estiveram sozinhos, cercaram-se de outros profissionais que tinham algum conhecimento na área de preservação patrimonial e que eram de seu convívio, a exemplo de Aníbal Fernandes, com quem Freyre dividiu a criação da Inspetoria Estadual de Monumentos Nacionais em Pernambuco, na década de 1920.

Aníbal Fernandes, nascido em Pernambuco, a 30 de dezembro de 1894, portanto contemporâneo de Freyre, com uma diferença de idade de apenas seis anos, mas com uma formação intelectual também muito sólida. Segundo Andrade (2009), Aníbal estudou no Recife e se formou em Direito, mas viajou pela Europa, onde estudou arte religiosa e escrevia para alguns jornais, entre eles o jornal *Diário de Pernambuco*.

Foi deputado estadual por Pernambuco e "professor de Literatura e Francês no Ginásio Pernambucano". Escreveu inúmeros artigos e conferências, entre eles: "Pernambuco no tempo do 'Vice-Rei'...: cousas e fatos do governo revolucionário de Pernambuco a partir de 6 de outubro de 1930; Relatório da Inspetoria Estadual dos Monumentos Nacionais" (Andrade, 2009). Portanto, ficou conhecido por seu protagonismo na política, mas também na área jornalística.

Por sua atuação no *Diário de Pernambuco,* foi perseguido, preso e agredido durante a ditadura varguista em 1945. O jornal sofreu sanções e o governo acabou proibindo sua circulação. Todavia, após o fim do Estado Novo, Aníbal continuou no jornal até sua aposentadoria em 1949 (Andrade, 2009).

Independentemente de sua participação na *Revista do Sphan* a partir da década de 1930, Aníbal já era conhecido na área de preservação de "monumentos", em Pernambuco, por suas publicações citadas anteriormente no *Diário de Pernambuco,* em que denunciava casos de depredação do que ele considerava monumento e alertava para os bens que ele acreditava que deveriam ser protegidos pelo Sphan.

Segundo Brito Neto (2011, p. 12), "Aníbal Fernandes, promoveu uma corrida pela construção de uma tradição e identidade artística [...], confeccionando narrativas e elementos históricos para compor uma "autêntica" história de Pernambuco".

Isso já se fabricava antes mesmo do Sphan, quando, na década de 1920, Aníbal tinha intensa representação para o Museu de Arte e História Antiga de Pernambuco e para a Inspetoria Estadual de Monumentos Nacionais. Ainda conforme o autor citado, "a concepção destes dois órgãos foi projetada pelo jornalista, [...], que quando deputado estadual, [...] apresentou o projeto a Câmara dos Deputados".

Por ter o protagonismo, os dois órgãos ficaram sob a direção de Aníbal Fernandes "que regulamentava as ações destas instituições transformando-as em equipamentos pioneiros em termos de ações de preservação de monumentos" (Brito Neto, 2011, p. 63).

Aníbal se destacou como inspetor, entre outras atitudes, por ter sido responsável pela reabertura do Museu de Arte e História Antiga de Pernambuco, mas também por ter inaugurado diversas exposições representativas para as artes plásticas do estado.

Os discursos de Aníbal, afinados com a construção identitária de Pernambuco, também podem ser percebidos no *Diário de Pernambuco*. No discurso como membro do Instituto arqueológico, histórico e geográfico pernambucano, Aníbal diz que será um colaborador da obra do Instituto, "a obra de glorificação da pátria, dos nossos antepassados" (Diário de Pernambuco, 1914).

Os membros do Instituto preocupavam-se com a conservação dos bens que a partir de 1937 passaram a ser tombados pelo Sphan. Exemplo disso é uma reportagem sobre a atuação do Instituto, em agosto de 1920, em relação a uma sessão onde se discutia a demolição da igreja do Carmo num projeto de remodelação de Olinda por meio de um consórcio.

Segundo o *Diário*, que traz na ata da reunião a fala de Aníbal, o intelectual considera a Igreja como representante de "uma tradição histórica. Propõe que o Instituto avoque o caso a sí [com finalidade] em que se mantenha a referida igreja" (Diário de Pernambuco, 1920). O pedido de Aníbal vai ser avaliado pelos demais sócios do Instituto, mas as explicações e/ou justificativas dos demais são coerentes com a posição de Aníbal em manter de pé a referida igreja.

Segundo Fonseca (2005, p. 194), "A atribuição de valor histórico, que reproduzia, na seleção de bens, os critérios excludentes da história factual, centrada no evento político e nos feitos das classes dirigentes" era uma das justificativas para a patrimonialização ou preservação de bens da cultura material. Quando Aníbal fala em tradição histórica, está se referindo à representação da Igreja do Carmo para a história de Pernambuco.

Segundo Menezes (2005), a Igreja do Carmo foi construída no período colonial, pelos portugueses, portanto, representa a história factual de Pernambuco com toda a sua exclusão e delimitação, pois sua arquitetura é o barroco colonial. Dessa forma, a tradição, da qual fala Aníbal, está ancorada no simbolismo do templo enquanto bem que foi construído num período, considerado áureo para a história do estado.

Protagonizado por Aníbal, a discussão em defesa da Igreja do Carmo é ancorada em outras justificativas, como a do sócio Mário Mello, que segundo o *Diário de Pernambuco* de 21 de agosto de 1920, diz que o Instituto precisa "zelar os monumentos históricos".

As justificativas apresentadas fizeram com que a votação para a conservação da Igreja do Carmo fosse unânime dentro do Instituto. O episódio se faz muito importante para compreendermos como a atuação de Aníbal era sólida e primeira em relação aos "monumentos históricos". Antes mesmo da criação do Sphan, ou mesmo das Inspetorias estaduais e nacional, Aníbal já protagonizava um espaço de disputas, defesa e fabricação do que viria a ser considerado patrimônio com status jurídico a partir de 1937.

A atuação de Aníbal, percebida por meio do *Diário de Pernambuco*, exemplifica o porquê de sua atuação ter se dado no Sphan, inclusive a convite ou com o aval de Freyre, seja atuando nos processos de tombamento na regional representada por Pernambuco ou mesmo nas publicações editoriais da autarquia federal de preservação, onde a autoridade de sua narrativa estava na sua atuação em defesa dos "monumentos históricos", desde o início do século XX, quando passou a fazer parte do Instituto.

Por essa perspectiva, compreendemos o lugar ocupado por Aníbal Fernandes, como colaborador do Sphan, a partir da década de 1930, em Pernambuco, junto não só a Freyre, mas também a Ayrton de Carvalho.

Todavia, percebemos que sua atuação em relação ao Sphan foi mais tímida. Constatamos isso por perceber, ao fazer a leitura de vários processos de tombamentos em Pernambuco, que em poucos documentos sua assinatura aparece. Ao passo que em relação a Freyre e Carvalho a recorrência de processos com suas assinaturas é vasta.

Destarte, temos o entrelaçamento da trajetória de Aníbal Fernandes que também publica um artigo junto a Freyre na *Revista do Sphan*. Isso não acontece de maneira aleatória, mas articulada e planejada pelo próprio Freyre.

O artigo de Aníbal havia sido produzido por indicação de Freyre para que circulasse na referida revista. Em correspondência entre Freyre e Rodrigo Melo Franco de Andrade, Freyre faz sugestões para o diretor do Sphan de artigos que deveriam ser produzidos para a revista, entre as sugestões está, justamente, um artigo de Aníbal Fernandes (Lanari, 2010).

O artigo, intitulado "A igreja dos Montes Guararapes", exalta as construções religiosas feitas por arquitetos portugueses, no século XVIII, no Brasil e elenca a valorização de sujeitos e objetos materiais que representam a luta contra os holandeses em Pernambuco. Segundo Silva (2019), com uma narrativa envolta em heroísmos, Aníbal toma a igreja como um exemplar excepcional enquanto monumento e, portanto, patrimônio artístico e histórico. Dessa forma, Aníbal operacionaliza os argumentos de Freyre apresentados em seu artigo na revista.

Com essa argumentação, o artigo contribui para a fabricação da identidade pernambucana atrelada à luta contra os holandeses. Argumento que leva a valorização dos monumentos que deveriam ser considerados enquanto patrimônio histórico e artístico.

Ainda nesse artigo, Aníbal alerta para o descaso com obras tão representativas para a história do Brasil, influenciando, portanto, os critérios para a seleção de monumentos que deveriam ser patrimonializados em Pernambuco (Fernandes, 1937).

No artigo, o intelectual configura a igreja como "um monumento de patriotismo e de fé" (Fernandes, 1937, p. 113), pois está localizada onde foram travadas as duas batalhas dos Guararapes. Lembramos que esse fato histórico é atrelado não só a construção da pernambucanidade, mas também da identidade brasileira.

Aníbal Fernandes, levado, então, por Freyre foi, segundo Chuva (2009), colaborador do Sphan. Não sabemos quanto tempo o intelectual contribuiu para o órgão, visto que não conseguimos informações precisas sobre isso. No entanto, Aníbal teve grande influência nas políticas de preservação em Pernambuco, visto que, como colunista de jornal, publicava "cousas da cidade", coluna que tinha "como assunto principal da cidade do Recife e seus aspectos urbanos". Isso dava visibilidade e, segundo Pereira (2012, p. 57), influenciava o "ambiente cultural".

Todavia, gostaríamos de ressaltar que, em processos nos quais temos o envolvimento de Aníbal Fernandes, há um discurso mais contundente relacionado à disputa contra os holandeses, assim como no artigo em que a Batalha de Guararapes é desenhada quase como mitológica para a gênese da nação. Apesar de os demais intelectuais corroborarem com essa narrativa, é Aníbal quem protagoniza a narrativa do episódio, como algo épico, para Pernambuco.

Um dos processos em que encontramos a participação de Aníbal é o 131-T-1938. Trata-se do tombamento do Palácio Episcopal e do Seminário de Olinda. Novamente, teremos a participação de Aníbal Fernandes e Gilberto Freyre em dois pareceres, em favor do tombamento e contra a impugnação do processo pedida pelo arcebispo de Olinda e Recife, Dom Miguel de Lima Valverde. Dessa vez, cada intelectual produz um parecer, Aníbal justificando os motivos do tombamento que vão ao encontro em todos os outros tombamentos, a exemplo do processo da Jaqueira. O discurso é que se trata de uma obra de valor histórico, artístico e, forçosamente, relacionada a um lugar de refúgio de pernambucanos na luta contra os holandeses, quando afirma que o seminário foi "theatro de lutas memoráveis" na guerra holandesa (Sphan, 1938, p. 8).

Aníbal, em seu parecer, faz uma retrospectiva histórica e elenca a existência de "uma das antigas cathedras existentes no seminário" (Sphan, 1938, p. 8) que teria sido usada por padre Antônio Vieira para dar suas aulas. Dessa forma, Aníbal acaba estabelecendo uma relação do Seminário com um personagem, historicamente importante, durante a colonização portuguesa, exaltando, assim, tudo aquilo que estivesse relacionado com os lusos.

Em relação à Igreja de Nossa Senhora da Graça, Aníbal vai trazer à tona o fato de que está sepultada, na Igreja, "Dona Brittes de Albuquerque, mulher do primeiro donatário Duarte Coelho" (Sphan, 1938, p. 8). Ou seja, para cada espaço envolvido no processo de tombamento, Aníbal justifica como um "dever de memória" (Ricoeur, 2007, p. 100). A memória a ser preservada é apresentada de forma "imperativa", uma vez que, ao dizer o que deve ser lembrado, também se aponta o que deve ser esquecido (Ricoeur, 2007). Com isso, Aníbal tenta demonstrar que só a relação com esses sujeitos históricos que fizeram parte da colonização portuguesa, por si só, justifica o tombamento.

Aníbal, astuciosamente, se apropria de um discurso com víeis histórico, uma vez que o arcebispo que se posiciona contra o tombamento elenca motivos relacionados à arte e à arquitetura. Aníbal, na década de 1920, estava mais afinado com discursos relacionados à arte, quando estava envolvido com a Inspetoria Estadual de Monumentos Nacionais e mesmo com o Museu de Arte e História Antiga de Pernambuco mas, por uma questão estratégica, mudou seu discurso para justificar a necessidade do tombamento do Seminário e do Palácio Episcopal de Olinda.

Ou seja, o discurso para patrimonializar era fabricado, de acordo com as circunstâncias do processo de tombamento, para viabilizar o processo. Se o bem não tinha valor por si, pois todo patrimônio é fabricado, um valor lhe era atribuído.

3.5 O QUE ESTAVA EM JOGO?

Os três intelectuais em estudo participaram do órgão federal de preservação quando estava em jogo a construção da nação a partir da fabricação de uma identidade nacional. O órgão federal de preservação, seja na sua atuação mais prática com o estatuto jurídico do tombamento ou a partir das políticas editoriais que davam sustentação à narrativa de patrimonialização, transformou-se no principal fio da tessitura dessa identidade.

Gilberto Freyre, Ayrton de Carvalho e Aníbal Fernandes foram fios da tessitura dessa construção identitária e estavam alinhados com o discurso federal que pregava coesão, homogeneidade, unicidade na construção da nação, capitalizando, para isso, o que foi nomeado de patrimônio no Brasil. Segundo Chuva (2009), "Nacionalizar nos anos 30 e 40 significou impor a unidade, impedindo qualquer feição plural da nação, que deveria sintetizar-se numa única brasilidade", fato que acabou estabelecendo uma estratégia para legitimar o que deveria ser considerado patrimônio no Brasil, quando a arquitetura barroca, os bens materiais do período colonial, do catolicismo ou relacionado a obras militares é que vão ser considerados patrimônios e, como tal, representações dessa unidade nacional.

Em todas as justificativas, percebemos que vigora a "retórica da perda". Segundo Gonçalves (1996, p. 22),

> A História aparece como "um processo inexorável de destruição, em que valores, instituições e objetos associados a uma "cultura", "tradição", "identidade" ou "memória" nacional tendem a se perder. [...] O efeito dessa visão é desenhar um enquadramento mítico para o processo histórico, que é equacionado, de modo absoluto, à destruição e homogeneização do passado e das culturas.

É o medo da especulação imobiliária e de um processo de destruição e perda que se desenha algo mítico para Pernambuco, buscando algum signo diante de bens, que possa fazer relação com a bravura dos pernambucanos, quando da expulsão dos holandeses. Assim, as Batalhas de Guararapes e o evento histórico de 1817 ganham importância e representação de forma a vigorar em discursos como algo épico e que deve ser lembrado, inclusive e principalmente, nas edificações que, de alguma forma, tiveram envolvimento com o episódio.

Além de atuarem em consonância com esse discurso do órgão federal de preservação, os três intelectuais eram pernambucanos, atuantes na área de preservação de monumentos, considerados históricos, e tinham uma formação intelectual sólida. É possível supor, por suas relações diante dos processos de tombamento e da publicação de artigos, que eram amigos e participavam de um espaço privilegiado de trânsito de intelectuais, bem como transitavam, com liberdade, por espaços institucionais locais, estadual e federal, ocupando cargos burocráticos e com poder de decisão.

Podemos dizer que os três pernambucanos participaram, sim, de uma "máquina política" e, ainda, que tinham manipulação sobre os controles. Participaram do órgão federal de preservação como representantes regionais e/ou conselheiros ou presidente de conselho, manipularam os controles, quando tiveram poder de decisão sobre o que tombar, justificativa para tombar ou mesmo para demolir e autorizar ou não as obras de restauração. Manipularam os controles, quando, antes mesmo da instituição jurídica do tombamento, apontaram, por meio de seus discursos de verdade, o que deveria ser tombado, os critérios para a seleção dos bens, fabricando junto a uma rede de intelectuais e agentes do Estado o que seria patrimônio no Brasil e, mais especificamente, em Pernambuco.

Segundo Foucault (1988, p. 10), existe "o estatuto daqueles que têm o encargo de dizer o que funciona como verdadeiro". Os três intelectuais tinham o estatuto, sim, de dizer o que era patrimônio em Pernambuco, por meio de seus lugares como intelectuais, por meio das técnicas oferecidas pelo Sphan e dos procedimentos jurídicos do Decreto-lei n, 25, de 1937.

Diante disso, compreendemos, corroborando com Chuva (2009, p. 171), que tudo aconteceu por meio de "uma boa retórica [...] capaz de sustentar, no amplo universo de possibilidades de invenção do 'patrimônio'". Sendo assim, os representantes do órgão federal de preservação, entre eles, Freyre, Aníbal e Ayrton, "por meio de narrativas diversas, inventam o patrimônio cultural, a nação brasileira e a eles próprios, enquanto guardiões desse patrimônio". Os três, numa trajetória de intersecção, se transformam em guardiões do patrimônio em Pernambuco.

Fontes

DIÁRIO de Pernambuco. 25 de julho de 1914.

DIÁRIO de Pernambuco. 21 de agosto de 1920.

FERNANDES, Anibal. **A Igreja dos Montes Guararapes**. Revista do Serviço do Patrimônio Histórico e Artístico Nacional, vol. 1. Rio de Janeiro: Ministério da Educação e Saúde, 1937.

SPHAN – Serviço do Patrimônio Histórico e Artístico Nacional. Processo de tombamento 0131. **Arquivo Central do Iphan**. 1938.

IPHAN – Instituto do Patrimônio Histórico e Artístico Nacional. Processo de tombamento nº 1.007 - T-1938. **Arquivo do Central do Iphan.**

Referências

ANDRADE, Maria do Carmo. Aníbal Fernandes. **Pesquisa Escolar Online.** Fundação Joaquim Nabuco, Recife, 2003. Disponível em: http://basilio.fundaj.gov.br/pesquisaescolar. Acesso em: 01 out. 2019.

BRITO NETO, José Bezerra de. **Educar para o belo:** Arte e política nos salões de belas artes de Pernambuco. 144 f. Dissertação (Mestrado em História Social da Cultura) – Universidade Federal de Pernambuco, 2011.

CHUVA, Márcia. **Os arquitetos da memória** – sociogênese das práticas de preservação do patrimônio cultural no Brasil (anos 1930-1940). Rio de Janeiro: Editora UFRJ, 2009.

FONSECA, Cecília Londres. O **patrimônio em processo**: trajetória da política federal de preservação no Brasil. Rio de Janeiro: UFRJ; Iphan, 2005.

FOUCAULT, Michel. **A ordem do discurso**: aula inaugural no Collège de France, pronunciada em 2 de dezembro de 1970. Campinas: Loyola, 1996.

FOUCAULT, Michel. **Microfísica do Poder**. Rio de Janeiro: Edições Graal, 1988.

GONÇALVES, José Reginaldo. **A Retórica da Perda:** os discursos do patrimônio cultural no Brasil. Rio de Janeiro: Ed. UFRJ/Iphan, 1996.

LANARI, Raul Amaro de Oliveira. **Patrimônio por Escrito:** a política editorial do Serviço do Patrimônio Histórico e Artístico Nacional durante o Estado Novo (1937-45). 207 f. Dissertação (Mestrado em História) – Universidade Federal de Minas Gerais, Belo Horizonte, 2010.

MENEZES, José Luiz Mota. Olinda e Recife antes de 1630. Recife: Editora Massangana, 2005.

RICOEUR, Paul. **A memória, a história, o esquecimento**. Tradução de Alain François. Campinas: Unicamp, 2007.

SILVA, André Fabrício. **Alicerces do patrimônio:** Rodrigo Melo Franco de Andrade e as narrativas de patrimonialização na revista do Serviço do Patrimônio Histórico e Artístico Nacional (1937--1945). 162 f. Dissertação (Mestrado em Museologia e Patrimônio) – Universidade Federal do Estado do Rio de Janeiro/Museu de Astronomia e ciências afins, 2019.

PEREIRA, Juliana Melo. **Admiráveis insensatos:** Ayrton Carvalho, Luís Saia e as práticas no campo da conservação no Brasil. 131 f. Dissertação (Mestrado em Desenvolvimento Urbano) – Universidade Federal de Pernambuco, Recife, 2012.

4

"NEM DIQUE, NEM FORTE, RUÍNAS E NADA MAIS": A FABRICAÇÃO DO PATRIMÔNIO

O Forte do Buraco, edificação que fica na divisa entre Recife e Olinda no estado do Pernambuco, passou por dois tombamentos. Na documentação sobre o segundo processo de tombamento o conselheiro do Conselho Consultivo do Iphan, Paulo Roberto Chaves Fernandes comenta que o Forte do Buraco não é "Nem dique, nem forte, ruínas e nada mais" (Iphan, 2000, p. 177).

Nesse momento, o bem já havia passado por um primeiro tombamento, datado de 1938, depois pelo destombamento em 1955, para, no ano de 2000, passar pelo inusitado processo de retombamento ou segundo tombamento quando restavam apenas as "ruínas".

Os processos relacionados ao percurso histórico de patrimonialização e despatrimonialização do Forte nos fizeram refletir sobre o significado do ato de tombamento instituído a partir do Decreto-lei n. 25, de 1937, e seus usos pelos sujeitos históricos concretos.

Dividiremos o capítulo em duas partes: primeiro, apresentaremos o percurso histórico, no qual esteve envolvido o Forte do Buraco, para, assim, podermos problematizar, de modo mais geral, o significado do ato de tombamento que atribui valor ao objeto tombado. Em seguida, faremos uma discussão teórica sobre o ato de tombamento para compreender os possíveis significados envolvidos em seu percurso. Por fim, metodologicamente nos apropriaremos da análise do discurso para compreender como o dito e o não dito são elementos de um discurso de invenção dos bens enquanto patrimônio histórico-cultural.

Sendo assim, não temos interesse em discutir minuciosamente o processo de patrimonialização e despatrimonialização do Forte do Buraco, mas consideramos que a trajetória para que as atribuições de valor fossem legitimadas ou deslegitimadas em torno do objeto histórico nos leva a uma problemática mais geral que é a significação do ato de tombamento, é sobre essa perspectiva que nos debruçaremos.

4.1 OS TOMBAMENTOS DO FORTE DO BURACO

O Forte do Buraco, Fortaleza de Santo Antônio do Buraco, Forte de São Jorge ou Forte de Santo Antônio dos Coqueiros foram nomes atribuídos a uma edificação localizada no estreito de areia que ligava o Porto do Recife à cidade de Olinda.

Segundo relatos, a primeira edificação ali construída data de 1630 pelos holandeses. Tinha como objetivo promover a defesa norte do Recife, tratava-se apenas de uma obra de "faxina e areia" (Iphan, 1998, p. 81).

No século XVIII, quando Pernambuco volta ao controle do império português, faz a reconstrução da fortificação em "magnífica alvenaria de pedra arenítica" (Iphan, 1998, p. 164).

Segundo Ayrton de Carvalho, chefe do 1º Distrito do Sphan, em defesa do tombamento do Forte, dizia que "tão perfeita foi a técnica construtiva portuguêsa" (Iphan, 2000, p. 164).

Com base nessa avaliação do valor arquitetônico da edificação em arenito, o Forte do Buraco é tombado pelo Sphan e registrado sob o nº 101-T nos livros do Tombo Histórico e das Belas Artes, no ano de 1938. O tombamento do Forte acontece em conjunto com inúmeras outras Fortalezas e bens materiais que de forma apressada o Sphan passou a patrimonializar.

Assim, o tombamento das Fortalezas acontece em meio ao argumento de serem "bens pertencentes ao domínio da União e da serventia do Ministério da Guerra" (Iphan, 1938, p. 47). Essa justificativa, nesse momento histórico, era plausível e suficiente para legitimar o processo de tombamento que foi protagonizado pelo diretor do Sphan, Rodrigo Melo Franco de Andrade.

Em 1953, a Marinha do Brasil inicia a construção de uma Base Naval na área onde está o Forte tombado. Para isso, inicia um processo de demolição do Forte do Buraco sem nenhuma anuência do órgão de preservação federal, o Dphan.[5] O Forte é "dinamitado pelo Almirante Cooks" (Iphan, 1986, p. 66), episódio que causa desconforto em relação ao órgão federal de preservação.

Surpreendido pelo episódio, Ayrton de Carvalho, chefe da superintendência do Sphan, envia uma carta ao Diretor Geral do órgão, Rodrigo Melo Franco de Andrade, informando o episódio e pedindo providências. No comunicado, diz acreditar ser de desconhecimento da Marinha que o Forte fosse um patrimônio histórico tombado (Iphan, 2000).

Entretanto, Ayrton de Carvalho diz acreditar que a demolição foi por motivos especiais e que a construção de uma base para defesa seria muito importante (Iphan, 2000). Logo, de certa forma, é estabelecida uma justificativa para a demolição do bem que acaba enfraquecendo uma narrativa de reclamação em torno da destruição do Forte, uma vez que esse discurso está relacionado ao fato de que a construção da base naval é um interesse público, previsto, portanto, em lei.

Em 1953, o Ministro da Marinha pede ao Governo de Vargas autorização para a demolição que, segundo a Marinha, não tem significação histórica e, por isso, não pode emperrar obras grandiosas e importantes como a base naval (Iphan, 2000). No entanto, a demolição foi paralisada até que fosse legalmente instituído o cancelamento do tombamento do Forte sob alegações, além das já citadas, de que o Forte se encontrava deteriorado e, nem de longe, representava historicamente um dos locais de defesa de Pernambuco do século XVII.

---

[5] Por volta da década de 1940, o Sphan passa a se chamar Dphan (Departamento do Patrimônio Histórico e Artístico Nacional) e na década de 1970 muda a nomenclatura para Iphan.

Dessa forma, delineiam-se aqui os discursos e justificativas para o destombamento do Forte. Na verdade, desde 1950, em jornais como o *Diário de Pernambuco*, já havia sido apresentado um anteprojeto para construção de uma base naval no estado e, na ocasião, já se vislumbrava que para a construção dessa base haveria uma "batalha," pois o título da reportagem já sugere isso: "Começou a batalha da construção da base naval – já feito o ante-prrojeto – Será prolongado o cais até o forte do Buraco – Entrevista com o almirante Paulo Penido comandante do 3º Distrito Naval." (Diário de Pernambuco, 1950, p. 3), Assim, já se anuncia aqui o motivo da batalha, ou seja, o fato de "mexer" com o Forte do Buraco.

Na entrevista com o Almirante, fica ainda mais evidente que ele vislumbra uma querela pela construção da base naval, quando diz "O ante-projeto está feito: é necessário, entretanto, que a imprensa não permita demora na sua execução e muito menos que o deixe morrer". Ao pedir ajuda da imprensa para que o anteprojeto vá adiante, o almirante sabe que precisará lutar contra instituições de salvaguarda do patrimônio, portanto, seu apelo à imprensa é uma estratégia para evocar narrativas de convencimento sobre a necessidade da base naval e talvez tentando "preparar o terreno", ou seja, convencer além das instituições envolvidas, a própria sociedade pernambucana (Diário de Pernambuco, 1950, p. 3).

Dessa forma, em 1953, a demolição do Forte se inicia. No entanto, por causa de várias manifestações de descontentamento por parte da autarquia federal de preservação do patrimônio e de intelectuais, entre eles arquitetos, a demolição foi suspensa até que o destombamento acontecesse (Iphan, 1968).

Diante da querela, o arquiteto Lúcio Costa pediu que a Marinha apresentasse uma justificativa plausível para o cancelamento do tombamento, pois, tendo em vista a representação histórica do Forte, Lúcio Costa compreendia que só um interesse público excepcional e impossível de conciliar com a existência do Forte poderia justificar a demolição (Iphan, 2000).

A demolição fica suspensa até 1955, quando o presidente Café Filho atendeu a mais um pedido da Marinha e indicou por meio do Sphan que "o Forte do Buraco foi destombado" (Iphan, 1981, p. 61), decisão cumprida por Rodrigo Melo Franco de Andrade por meio do Decreto-lei n. 3.866/1941, que cancelou os efeitos do tombamento. Essa situação demonstra que o "poder de barganha [do Sphan] era relativo, num caso em que poderosos interesses econômicos e políticos estavam em jogo" (Chuva, 2009, p. 148), estes se sobrepunham e subjugavam o Sphan.

No entanto, o destombamento não ocorreu sem a manifestação, inclusive na imprensa, por parte de intelectuais e jornalistas como Gilberto Freyre, Aníbal Fernandes e até de Rodrigo Melo Franco de Andrade, entre opiniões a favor e contra o destombamento ocorreu uma disputa de narrativas.

Essa disputa também contou com a participação dos comandantes do 3º Distrito Naval da Marinha, que vão apresentar, na imprensa, a necessidade e a grandiosidade da construção da base naval para justificar o destombamento do Forte e para tentar responder e/ou sanar as opiniões contrárias apresentadas, por exemplo, no *Diário de Pernambuco*, durante a década de 1950, quando os eventos acontecem.

Na edição do *Diário de Pernambuco* de 1952, a reportagem anuncia: "Vai ser iniciada a construção da Base Naval do Recife – Importante discurso do comandante do 3º Distrito Naval". Tratava-se do "contra-almirante Haroldo Reuben Cox", que protagoniza esse momento que vai culminar com o início da demolição do Forte (Diário de Pernambuco, 1952, p. 2).

Pela descrição do evento, por meio da reportagem, estiveram presentes desde deputados e senadores pernambucanos, "altas autoridades civis e militares", entre outros que representavam a Marinha e o Ministério da Aviação (Diário de Pernambuco, 1952, p. 2). Isso demonstra a importância que é dada ao evento, pois a presença de sujeitos com status de autoridade, pelo cargo público que ocupam, é uma forma de atribuir ao ato certa grandiosidade.

No discurso proferido pelo contra-almirante, ele agradece ao Ministro da Marinha a ordem para a construção da base naval e evidencia: "Aqui não é necessário dizermos o que significa o porto de Recife para a Marinha e para o Brasil" (Diário de Pernambuco, 1952, p. 2).

Logo, o porto de Recife é colocado como importante para a nação. Para complementar a justificativa, ele diz que é preciso "mencionar o grande benefício que desta obra resultará para o Brasil e em particular para o Estado de Pernambuco [...]" e ainda faz mais um elogio ao Ministro dizendo que a obra representa "grande visão administrativa, depositando animadora esperança no desenvolvimento e progresso de nossa Marinha" (Diário de Pernambuco, 1952, p. 2).

Os elogios feitos ao Ministro da Marinha demonstram o quanto a base naval representava não só a ideia de progresso e desenvolvimento para a Marinha, mas representava, de certa forma, poder. A Marinha inicia a demolição pedindo diretamente ao presidente da república autorização para o feito, portanto, desrespeitando a hierarquia do Sphan, desconsiderando sua existência enquanto instituição de salvaguarda de um patrimônio tombado. Depois da repercussão, a Marinha volta atrás e decide esperar pelo destombamento, mas novamente o cancelamento do tombamento vai ser um ato de gabinete, também realizado por autorização do presidente da república e logo veremos que contra a vontade do diretor do Sphan na ocasião, o senhor Rodrigo Melo Franco de Andrade.

Dessa forma, a obra se torna vultuosa, sua grandiosidade é atribuída, o status da Marinha é exaltado, seu poder com o protagonismo na construção dessa base naval lhe enche de orgulho, isso fica claro no discurso do comandante do 3º Distrito Naval em Pernambuco.

É evidente que a Marinha se apresenta como uma instituição mais forte, frente ao poder público, do que a autarquia federal de preservação do Patrimônio. Segundo Chuva (2009, p. 148), a fragilidade do Sphan aparecia quando estava de frente com interesses "políticos poderosos". Foi exatamente o que aconteceu, a

Marinha se sobrepôs ao órgão federal de preservação pelos seus agentes junto ao presidente da república.

Nessa disputa de narrativas, temos a posição de alguns jornalistas, a exemplo do repórter Newton Faria de Oliveira, que em 1952, quando estava em evidência o possível início de construção da base naval, publica uma matéria no *Diário de Pernambuco*. A matéria é destaque como Reportagem da Semana e traz, além de uma opinião contrária à construção da base, certas curiosidades e lendas sobre o Forte do Buraco (Diário de Pernambuco, 1952).

Segundo Oliveira, por causa de lendas relacionadas com episódios de "açoite de negro cativo. [onde] muitos morreram de surra [...] o local se tornou mal assombrado" (Diário de Pernambuco, 1952, p. 1). Entre as lendas e histórias trazidas pelo repórter, figura uma ligação do espaço, enquanto lugar de escravização de pessoas negras, bem como de maus tratos. Não é nosso objetivo esse estudo e essa relação, mas vale o registro de que há um vestígio histórico sobre isso.

Entretanto, o objetivo do repórter é se posicionar contra a construção da base naval, por ser o lugar atrelado não só a História de Pernambuco, mas porque, segundo Oliveira (Diário de Pernambuco, 1952, p. 8), "instalações de ordem militar devem permanecer longe dos grandes conglomerados urbanos. [...] Por aqui em Pernambuco, a nossa Base vai ficar precisamente entre duas cidades importantes: Recife e Olinda". Para finalizar, o jornalista também traz um outro motivo para justificar sua opinião, dizendo que ao desaparecer o Forte, vai desaparecer também uma fauna que ele nomeia de "sub-humana".

Nesse sentido, Oliveira, mesmo não figurando no cenário nacional da querela pela construção da base, traz uma reportagem contundente e curiosa, que evoca fatos históricos relacionados com o Forte e que poderiam ser usados como justificativa para impedir o cancelamento do tombamento, mas que foram desconsiderados, pois as lendas e/ou versões sobre o Forte, citadas na reportagem e atreladas ao passado escravista, não aparecem nos processos.

A disputa de narrativas, seja sobre o cancelamento do tombamento ou mesmo sobre o retombamento que se inicia em 1995, apenas exalta a ligação da Fortaleza com a guerra e o protagonismo dos portugueses ou mesmo a bravura pernambucana. Segundo Chuva (2009, p. 156), "as fortificações, que faziam lembrar a vitória portuguesa sobre os holandeses [...] que era reatualizado na memória como um primeiro momento de nacionalismo", esse era o discurso que legitimava a patrimonialização de bens em Pernambuco, qualquer outro discurso era silenciado.

Em mais uma reportagem de 1853, agora do jornalista Austregesilo de Athayde, novamente a construção da base naval é citada, dessa vez como símbolo de progresso, a reportagem não é especificamente sobre a Fortaleza, mas sobre obras públicas federais em Pernambuco, dentre essas obras, figura a da base. O jornalista configura aqueles que são contra a obra, como "os comunistas, junto a certos tradicionalistas, de última hora, tanto desejam obstruir para manter o forte do Buraco, que em tempo não souberam resguardar e proteger; e que só agora se lembram quando apenas alguns paredões existem" (Diário de Pernambuco, 1952, p. 4).

Athayde, além de rotular de comunistas e tradicionalistas aqueles que são contra o destombamento do Forte, lembra que o bem estava abandonado e em ruínas, portanto, apesar de tombado, havia certo desleixo com o patrimônio, o que serve de justificativa para o destombamento, principalmente nos discursos apresentados à imprensa.

Segundo Radun (2016, p. 99), "os argumentos utilizados para o destombamento são de duas qualidades. A primeira diz respeito ao perecimento da coisa: destruição, desfiguração, descaracterização do bem. A segunda está vinculada a questões econômicas e de alteração urbana". No caso do Forte, o primeiro argumento é utilizado para justificar o ato apressado da Marinha em demolir o bem e ao segundo argumento acrescentaríamos as questões políticas relacionadas ao status de poder da Marinha.

Lembramos que aqueles que estão sendo acusados de tradicionalistas defendiam uma política de estado em que "o "patrimônio nacional" foi definido em termos de um nacionalismo conservador e clerical. Nessa perspectiva, a substância da "identidade nacional" dependia da sua origem lusitana e também católica" (Chuva, 2009, p. 239-240). Portanto, o Forte do Buraco representava essa identidade nacional, mas que agora, diante de uma obra que visava ao suposto progresso, sua defesa já não parece mais representar uma política de Estado.

Seguindo na disputa de narrativas por meio do Diário de Pernambuco, temos em 1954 a visita do inspetor-geral da Marinha ao Recife, para inspecionar as obras da base naval. Sabendo que haviam intelectuais recifenses contra a demolição do Forte do Buraco, logo ele se posiciona dizendo que "acima de interesses históricos puramente regionais, estavam aqueles de ordem mais diretamente nacionais". Essa fala tenta justificar "um ato de gabinete", mas feito em acordo com o Decreto-lei nº 3.866 de 29 de novembro de 1941 que institui o cancelamento do tombamento, "atendendo a motivos de interesse público".

No entanto, concordamos com Rodrigues (2012, p. 146), "tudo em nome de um vago e indefinido 'interesse público', que seria melhor traduzido como mero 'interesse político'". Interesse público é uma expressão usada para emblematizar o poder do Estado e seu ato de gabinete e viabilizar a ação de modo a evitar as resistências e insurgências.

Essa narrativa não impediu, como vimos, diversas manifestações de descontentamento, inclusive do diretor do Sphan na ocasião, Rodrigo Melo Franco de Andrade. Uma reportagem do *Diário de Pernambuco* de 1955 entrevista Rodrigo para compreender por que o Sphan não teve força de embargar as obras e salvaguardar o patrimônio que representava o Forte.

Segundo a reportagem, ao ser questionado sobre o Forte e sua destruição em função da base naval, Rodrigo declara: "Temos a incumbência de zelar pelos bens tombados. E não apenas pelos que estejam ameaçados por particulares. Também velamos pelos que estão ameaçados em quaisquer circunstâncias como na hipótese de atentado partido de gente do poder público" (Diário de Pernambuco, 1955, p. 3). Fica claro na fala de Rodrigo seu descontentamento com o destombamento do Forte, uma vez que, ao falar de problemas com o setor público em relação à manutenção de bens, evidencia o fato como "atentado".

De acordo com a reportagem, Rodrigo relata que a Marinha passa a demolir o Forte sem qualquer solicitação, portanto, a ela agiu com autonomia, talvez por entender que o bem se localizava numa região portuária e, portanto, estava sob seu comando, ou mesmo porque compreendia ter autoridade para tal ato frente ao Sphan.

O descontentamento de Rodrigo também se estende ao de Gilberto Freyre que em 1955 passa a se pronunciar na imprensa para criticar a justificativa da Marinha em relação à demolição do Forte. Segundo Freyre (Diário de Pernambuco, 1955, p. 4), "Não me parece que o eminente min. da Marinha tenha sido de todo feliz em sua justificação de atos do Ministério". Com isso, Freyre, sem muita diplomacia e com um discurso mais duro e realista, deixa claro que a justificativa para demolição do Forte era superficial e desprovida de sentido.

Segundo Freyre, "demoliu-se um monumento histórico – ou iniciou-se a demolição – à revelia do Serviço do Patrimônio Histórico e Artístico Nacional: e as picaretas foram as navais" (Diário de Pernambuco, 1955, p. 4). Em sua narrativa, Freyre evidencia o maior problema de todos nessa querela, a autoridade, a barganha do Sphan. A autarquia federal de proteção e de tombamento no Brasil foi desrespeitada, seu poder foi atacado sem aviso prévio e o pior, dentro de instâncias públicas que poderiam funcionar com a prática do coleguismo, mas que funcionaram, como disse anteriormente Rodrigo, promovendo "atentado". Para além da defesa de um suposto monumento, existe o orgulho de uma instituição ferido.

Freyre não apenas defende o Forte, enfatizando que mesmo em ruínas, "era de um valor histórico digno do maior respeito nacional" (Diário de Pernambuco, 1955, p. 4), legitimando com essa narrativa a patrimonialização do bem em 1938 e "jogando" responsabilidade sob a Marinha, no intuito de fazer com que o ato de destombamento não tenha justificativa plausível ou aceitável sob nenhum argumento.

O intelectual pernambucano, de maneira estratégica, elogia a Marinha em sua relação com as tradições:

> O que, entretanto, não se admite, não se concebe e nem se justifica é que da marinha de guerra do Brasil, de ordinário tão devotada ao culto das tradições nacionais, e tão primorosa na prática e no espírito da disciplina militar, tenha partido o mau exemplo de agir por um ministério de Estado, num caso de tamanha importância, com uma ligeiresa de animo e um esquecimento de leis brasileiras de resguardo de valores históricos e paisagísticos (Diário de Pernambuco, 1955, p. 4)

Entretanto, o elogio feito pelo intelectual à Marinha é para dizer que a organização por si, por sua disciplina e defesa das tradições, não faria ou não se envolveria em tal ato, se não fosse por um "ministério de Estado". Assim, Freyre não ataca a Marinha, mas o ato de destombamento como coisa do Estado, confirmando nosso argumento de que o destombamento é um ato de gabinete.

Todavia, Freyre não está falando apenas como pernambucano, defensor do patrimônio como representação da identidade do Estado e da nação, mas fala também como defensor do Sphan, instituição a quem Freyre esteve ligado, seja com cargos técnicos e ou indiretamente, por meio de órgãos relacionados à cultura. Tanto é assim que Freyre deixa claro em seu discurso que o desrespeito maior foi com o Sphan.

> Quase sempre é possível conciliar essas exigências de expansão com o respeito devido àqueles monumentos, mesmo quando já arruinados pela ação

do tempo ou pelo ultraje ou descuido dos homens. Também por nos parecer que nunca deve ninguém antecipar-se ao órgão competente – que no caso é o Serviço do Patrimônio Histórico – em julgar que valores do passado devem ser demolidos do dia para a noite. (Diário de Pernambuco, 1955, p. 4)

Ou seja, essa fala de Freyre tenta ser compreensível com os interesses relacionados ao progresso, mas observa que "passar por cima" do Sphan foi um dos grandes problemas, quando a demolição foi feita à revelia.

O intelectual pernambucano assume que há culpa e silenciamento: "nosso silêncio diante da precipitação com que aqui, no caso do Forte do Buraco, do Recife, o Ministério da Marinha – pelos seus representantes na capital de Pernambuco - importaria em tolerância para com tais precipitações" (Diário de Pernambuco, 1955, p. 4). Ao que parece, mesmo diante de tanto descontentamento e revolta do intelectual com o destombamento do Forte, ele reconhece que houve negligência e que por esse motivo o destombamento acabou acontecendo.

Para tanto, outro intelectual, amigo e contemporâneo de Freyre apresenta opinião contrária sobre o caso do Forte do Buraco. Aníbal Fernandes, em reportagem de 1957 intitulada O porto e seus descalabros, fala da situação precária do Porto e diz "É por isso que estou sempre a fazer votos, para que não se interrompam as obras da Base Naval, tão necessária ao Recife". Logo, atestando que a Base Naval é necessária ao Recife, pois segundo o jornalista, seria "ponto estratégico e de defesa, [...], arsenal e estaleiro" (Diário de Pernambuco, 1957, p. 4).

O discurso de Aníbal vai ainda mais adiante, apesar de o objetivo de sua reportagem enfatizar a importância da continuidade das obras para viabilizar o uso do Porto e o dinheiro público já gasto sem resultado satisfatório, ele faz questão de fazer uma crítica ferrenha àqueles que foram contra a construção da base naval. Segundo o jornalista, "Houve quem quisesse retardar, por causa de alguns paredões em ruínas do antigo Forte do Buraco, [...] Essas mesmas pessoas e entidades deixaram que se <<restaurasse>> a Sé de Olinda" (Diário de Pernambuco, 1957, p. 4). Portanto, para o jornalista, as lamentações são "lágrimas de crocodilo" (Diário de Pernambuco, 1958, p. 4).

Quando está em pauta o debate sobre o destombamento de um bem, outras significações entram em cena, pois a disputa de narrativas envolve um jogo de poder com retóricas que precisam convencer os pares de que o Forte do Buraco não se caracteriza mais como um patrimônio (Radun, 2016).

Todavia, o que Aníbal aponta, além de uma retórica de descaracterização do Forte enquanto patrimônio, é a incoerência em relação à salvaguarda dos bens patrimonializados ou mesmo o silêncio diante de determinadas descaracterizações ao passo que em alguns casos cria-se uma querela. O fato é que o jornalista indica existir formas desiguais de tratamento do patrimônio em Pernambuco. Talvez a explicação para o caso específico do Forte do Buraco seja apenas o ataque à autoridade do Sphan, enquanto que a restauração da Sé de Olinda passou pela autarquia de preservação do patrimônio e, portanto, teve a anuência do órgão.

Os artigos de Aníbal no *Diário de Pernambuco* defendem o urbanismo e o progresso, o que o diferencia drasticamente de Freyre. Não quero com isso dizer que Freyre fosse totalmente contrário ao progresso, pois ele dizia que podia haver conciliação. No entanto, é emblemática a narrativa de Aníbal Fernandes no *Diário de Pernambuco*, pois ele se apresenta como um defensor do urbanismo, embasado, inclusive, em Le Corbusier.

O fato é que independentemente da querela entre a Marinha, a autarquia federal de preservação, os intelectuais e a imprensa, as ruínas do Forte permaneceram e as narrativas para ressignificar o bem enquanto patrimônio vão se estender até a década de 1990, quando teremos a reatualização das tratativas para retomar o Forte, ou o que dele restou.

Dessa forma, um novo tombamento vai ocorrer a partir do processo 1.351-T-95 com o título de "Ruínas do Forte do Buraco"

(Iphan, 1995, p. 23). O pedido de tombamento contou com um ofício de 1985 da Comissão de Moral e Civismo de Pernambuco que alegava, naquela ocasião, que o Forte representava um "marco histórico-cultural de grande significado para os pernambucanos" (Iphan, 1985, p. 24) e, por isso, deveria ser preservado. No processo também constavam pedidos de tombamento feitos ainda na década de 1980, com parecer técnico favorável ao segundo processo de tombamento, mas que acabou não ocorrendo naquele momento. O tombamento passou por arquivamento, reestabelecimento por quase duas décadas, só se efetivando no ano 2000.

Destarte, o mais interessante foram as justificativas para um segundo tombamento de um objeto histórico considerado como "ruínas", por unanimidade, entre conselheiros, técnicos, historiadores e engenheiros que fizeram a análise do bem. As justificativas foram superficiais e sem nenhum fundamento histórico considerado legítimo.

Num dos informativos com os motivos do tombamento temos: "Se trata de ruínas de certo vulto, com interesses arquitetônicos e certa beleza, [...] se trata de uma construção militar, onde ainda se pode encontrar um baluarte e sentir os dois séculos e meio da sua velhice" (Iphan, 1986, p. 270), dentre outras justificativas, meio abstratas, pois como se sente dois séculos de velhice em "ruínas"? O que são "ruínas" de certo vulto? Ou seja, não é possível falar do que restou do Forte configurando sua arquitetura, porque, enquanto "ruínas", foi descaracterizada.

Todavia, no último motivo relatado no documento, chama atenção a seguinte justificativa: "O tombamento que agora se propõe, é como uma reparação legal ao Decreto [25 de 1937] atráz citado, que foi infringido no seu Art. 17, quando da dinamitação do monumento" (Iphan, 1986, p. 28). Aqui está a maior justificativa para um segundo tombamento, a reparação de um cancelamento que infringiu a autoridade do Decreto-lei n. 25, de 1937 e, portanto, desrespeitou a autoridade do Sphan e o ato geral de tombamento.

Mesmo considerando que o cancelamento também foi amparado por um Decreto-lei, considera-se que o ato foi arbitrário e representativo para o momento do governo ditatorial, visto que o Decreto desfaz um ato jurídico anterior, que é considerado legalmente como perfeito. Portanto, é o Decreto-lei n. 3.866, de 1941, que se questiona, já que seu texto representa simbolicamente o poder de anular atos de patrimonialização, comprovando que tanto o tombamento quanto o destombamento passam por um "dispositivo histórico" (Foucault, 1988, p. 244) com práticas discursivas de significação ou de esvaziamento daquilo que vai ser des/configurado enquanto patrimônio histórico no Brasil.

Dessa forma, percebemos que o tombamento era uma atribuição de valor aos bens selecionados como patrimônio histórico a partir de um discurso, de uma estratégia, amparado pelo Decreto-lei n. 25, de 1937, porém os bens só tinham valor diante da atribuição de significados conferida pelos órgãos federais de preservação do patrimônio no Brasil. Ou seja, o valor não estava nos bens, nos objetos, mas eram atribuídos a eles, no caso do Forte do Buraco e das "ruínas" do Forte do Buraco, a partir dos interesses do Sphan/Iphan.

Assim, questionamo-nos como se dava a configuração de um Patrimônio Histórico no Brasil? O que lhe conferiu tal status e/ou representação? O valor do bem por si só era importante? A patrimonialização estava no bem ou no discurso a ele atribuído?

Para tentar responder a essas questões, nos apropriamos da análise do discurso no intuito de compreender como o dito e o não dito são elementos do discurso de re/tombamento de bens, ao longo do processo de patrimonialização e despatrimonialização de objetos históricos, tomando como exemplo a trajetória de significação, esvaziamento e ressignificação do Forte do Buraco em Pernambuco.

4.2 AS "RUÍNAS" DO FORTE DO BURACO: O PATRIMÔNIO HISTÓRICO COMO UMA INVENÇÃO

O Decreto-lei n. 25, de 1937, instrumentalizou, de maneira jurídica, a gestão do Patrimônio Histórico no Brasil. A partir do

Decreto, a seleção do que devia ser tombado pôde ser legitimada, amparada pelos mais diversos saberes que justificavam a patrimonialização; a História, para conferir valor histórico, a Arquitetura e a Engenharia para definir a importância e avaliar uma determinada arquitetura como colonial, entre outros saberes. Considerando que "um saber se define por possibilidades de utilização e de apropriação oferecidas pelo discurso" (Foucault, 2008, p. 209), compreendemos que esses saberes são apropriados nas relações de poder. Junto a esse aparato, haviam os intelectuais mais renomados para conferir um discurso de autoridade sobre os objetos a serem tombados.

Tudo isso nos faz perceber que o tombamento, destombamento ou retombamento de um bem passa por uma seleção que não é neutra, mas configura uma operação política, interessada, envolvida em escolhas, por vezes arbitrárias, que fazem construir um bem enquanto patrimônio, por vezes relacionada a um valor material e/ou histórico instituído em determinadas épocas, por vezes, independentemente de seu valor material e/ou histórico.

Não estamos dizendo que a arquitetura e as relações históricas estabelecidas entre o bem e a constituição de um processo de tombamento não são relevantes, quando são fundamentais. Todavia, estamos dizendo que há outros interesses por trás desse discurso de patrimonialização de bens que não são revelados, que não são ditos, mas que revelam, em alguns casos, o quanto é arbitrária a seleção dos bens a serem tombados.

No caso das "Ruínas" do Forte do Buraco, não era possível perceber pela documentação escrita e pelas iconografias no processo de tombamento uma arquitetura de valor histórico, nem mesmo foi apresentada qualquer representação identitária que configurasse um sentimento de pertencimento da população de Pernambuco em torno do bem, nem sequer configurações de uma memória coletiva em relação ao objeto histórico.

Não queremos, com isso, dizer que a seleção de bens a serem tombados deveria ser, obrigatoriamente, como instituído na década de 1930, quando, segundo Chuva (2009), "a unidade nacional era incompatível com as diferentes expressões culturais da nação. Nacionalizar nos anos 30 e 40 significou impor a unidade, impedindo qualquer feição plural da nação, que deveria sintetizar-se numa única brasilidade", fato que acabou estabelecendo uma estratégia para legitimar o que deveria ser considerado patrimônio no Brasil, quando a arquitetura barroca, os bens materiais do período colonial, do catolicismo ou relacionado a obras militares é que foram considerados patrimônio e, como tal, representações dessa unidade nacional.

Destarte, apesar de compreender que deveria haver a pluralidade, o que questionamos é que esse discurso foi usado durante o período do Estado Novo com mais intensidade, mas quando era conveniente, por um interesse político, se despojar desse discurso, mesmo no governo de Vargas, isso foi feito em prol do discurso de "utilidade pública" (Chuva, 2009, p. 147).

Todavia, não devemos esquecer que a memória coletiva, por vezes representada pelo patrimônio tombado, "é não somente conquista, é também um instrumento e um objetivo de poder" (Le Goff, 1990, p. 46). Portanto, é manipulada de acordo com os interesses de quem tem autoridade para instituí-la.

Dessa forma, corroboramos com Chuva (2009, p. 144), quando fala sobre Patrimônio, ela diz que é preciso "determinar os enunciados, os lugares e os sujeitos de enunciação, [...] e os diferentes interesses em disputa". Nesse caso, tentaremos fazer isso em relação ao tombamento das "ruínas" do Forte do Buraco em Pernambuco.

Quando falamos em enunciados, estamos nos apropriando da análise do discurso de Foucault e pensamos o discurso como "práticas que formam sistematicamente os objetos de que fala" (Foucault, 2008, p. 60), pensando que o discurso é lugar de relações de poder e não o restringindo a um "conjunto de signos", porque é mais que isso, o dito e o não dito fazem parte do discurso.

De acordo com Foucault (2008, p. 60), "Certamente os discursos são feitos de signos; mas o que fazem é mais que utilizar esses signos para designar coisas". Segundo o autor, o que interessa é esse "mais", que está relacionado às práticas que formam os objetos e, portanto, vamos tentar analisar não só o conjunto de signos inscritos nos documentos do tombamento das "ruínas" do Forte, mas as práticas por trás desses signos que dizem o que está em jogo com esse tombamento.

Segundo Foucault (1996, p. 8-9), "em toda sociedade a produção do discurso é ao mesmo tempo controlada, selecionada, organizada e redistribuída por certo número de procedimentos que tem por função conjurar seus poderes e perigos". Assim, o discurso do Iphan sobre o tombamento das "ruínas" do Forte é selecionado, organizado por meio de procedimentos envoltos em enunciações que conjura alguns poderes e é por esses enunciados estarem invisíveis nos signos, mas visíveis nas práticas, que acabam funcionando e dando materialidade às práticas discursivas do Iphan.

O processo e o ato de tombamento das "ruínas" do Forte do Buraco são por si só, antes mesmo de considerar o discurso verbalizado nos documentos, um enunciado, pois são "manifestações de um saber" (Veiga-Neto, 2003, p. 113) e, por isso, são aceitos e legitimados. É preciso compreender, ainda, que "O enunciado, mesmo se está reduzido a um sintagma nominal, ou [...] a um nome próprio, [...] não tem com o que enuncia a mesma relação que o nome mantém com o que designa ou significa" (Foucault, 2008, p. 100). Ou seja, o ato de tombamento por meio do processo tem o significado de patrimonialização das "ruínas" do Forte, porém o enunciado não está reduzido aos signos verbais do processo e, por isso, há outros significados que vão além dos signos, sintagmas, nomes presentes no processo.

Nessa perspectiva, "um enunciado existe fora de qualquer possibilidade de reaparecimento; e a relação que mantém com o que enuncia não é idêntica a um conjunto de regras de utilização" (Foucault, 2008, p. 101). Isso porque não depende de regras linguístico-gramaticais para fazer sentido, mas interpelam sujeitos e produzem verdades, como no caso das "ruínas" do Forte e os efeitos do pedido de tombamento, é produzida uma narrativa com efeito de verdade sobre a necessidade de patrimonialização.

Vejamos, por meio da "Informação n. 35/90" (Iphan, 1990, p. 47), como é construído o discurso de invenção das "ruínas" enquanto patrimônio. Nesse documento, segundo a coordenadora de proteção do Iphan, naquele momento: "Apesar de só ter subsistido à demolição, promovida em 1953, pouco mais da oitava parte da construção primitiva, tombada em 1938, arruinada e só acessível por barcos e pelas areias do istmo, concordamos com os pareceres técnicos emitidos pela 4ª. DR" (Iphan, 1990, p. 47). Ou seja, mesmo o objeto tendo sido descaracterizado em sua especificidade histórica, a concordância por um novo tombamento do que restou persiste como uma tentativa de recuperação da autoridade do Iphan rompida pelo destombamento na década de 1950. Relembrar que o tombamento havia se dado em 1938 é retomar uma memória que foi rompida por interesses alheios ao órgão federal de preservação.

Trazer à tona uma memória se configura naquilo que Ricoeur chama de "dever de memória" (2007, p. 100). Quando a memória a ser passada é apresentada de maneira "imperativa", pois, quando se diz o que deve ser lembrando, também se aponta o que não deve ser esquecido (Ricoeur, 2007). O documento citado anteriormente usa o "dever de memória" para construir uma narrativa por meio da seleção e da manipulação.

O que está em jogo diante do "dever de memória" não é o valor do bem que foi "arruinado", é a autoridade de um órgão, é a restauração de um ato de poder que teve seus efeitos cancelados. Isso não está dito, não está verbalizado, mas só é possível por meio dos signos que compõem o processo de tombamento, mesmo que a percepção desse enunciado esteja além dos signos.

Tanto é assim que o discurso não será por um retombamento, mas por um novo tombamento que exigirá inclusive a abertura de um novo processo. A recomendação foi de "um novo processo que deverá ter apensado o Processo nº. 101-T-38" (Iphan, 1990, p. 48). Assim, um segundo processo de tombamento foi aberto, porém sempre relacionado com o primeiro tombamento, como forma de atentar para o fato de que o Forte não se transformou em "ruínas" por descuido do Iphan, uma vez que, em 1938, quando ele estava com sua estrutura preservada, havia sido tombado.

Num informe técnico sobre a Fortaleza do Buraco, fica clara a ideia de que o novo tombamento representava a reparação da autoridade legal da patrimonialização, quando diz: "foi iniciado o processo de restauração do tombamento do forte do buraco pelo SPHAN, como reparação do Decreto-lei 25 de 30/11/1937, que foi infrigido" (Iphan, 1995, p. 58). Se o destombamento também havia sido regido por um Decreto, o que está em questão aqui é o poder do Sphan representado pelo Decreto que foi infringido, atacado e desvalorizado. O poder, aqui, funciona como uma estratégia, em "que seus efeitos de dominação não sejam atribuídos a uma 'apropriação', mas a disposições, a manobras, a táticas, a técnicas, a funcionamentos; que se desvende nele antes uma rede de relações sempre tensas" (Foucault, 1987, p. 30). As relações tensas são apresentadas a partir do relato de que o Decreto foi infringido, mas é a partir de manobras e táticas discursivas que é estabelecida uma narrativa como "dever de memória".

O que não está dito, nesse processo de tombamento/destombamento, é que não importa o bem enquanto patrimônio, ou seja, enquanto objeto histórico de valor patrimonial. O valor é inventado diante da necessidade de recuperação do status de poder do Sphan.

Nesse processo, é importante trazer para a discussão três perguntas para compreender de que forma e por que motivo as "ruínas" do Forte do Buraco vão ser novamente tombadas, pois, segundo Gonçalves (1996, p. 33), é preciso questionar: "Quem tem autoridade para dizer o que é e o que não é o patrimônio cultural brasileiro? Quem tem autoridade para preservá-lo? Como essa autoridade é culturalmente constituída?".

Se compreendermos que essa autoridade está representada pelo órgão federal de preservação e como ela foi construída ao longo do governo Vargas como política de Estado para constituição de uma identidade nacional, então compreenderemos por que um objeto, que se encontrava com valor arquitetônico irrisório e em "ruínas", vai ser retombado, mesmo não sendo a posteriore restaurado ou não tendo representação coletiva para a prática dos cidadãos pernambucanos, já que o acesso ao Forte é muito difícil, situação constatada desde 1986, mas que não mudou, "o monumento encontra-se completamente isolado pelas águas do Porto de Recife, que o rodeiam" (Iphan, 1995, p. 66).

Segundo Gonçalves (1996, p. 32), "nesse sentido, a nação, ou seu patrimônio cultural, é construída por oposição a seu próprio processo de destruição", tanto é que o Iphan se posicionou contrário à demolição do Forte pretendida pelo Ministério da Marinha em 1953, demonstrando, inclusive, que esse processo ocorreu em contraposição à sua opinião e ao descontentamento do órgão com a decisão do presidente da república, Café Filho, de permitir o cancelamento do tombamento. Isso está especificado num ofício de 1968, que consta do processo de retombamento do Forte, trazendo à tona a posição do Iphan, na década de 1950, para demonstrar o quanto sua autoridade foi quebrada (Iphan, 1995).

No ofício de 1968, assinado por uma das funcionárias mais antigas do Iphan, a senhora Judith Martins, que foi secretária de Rodrigo Melo Franco de Andrade e que se tornou chefe da seção de história e do arquivo do órgão em 1962, quando Carlos Drumond de Andrade se aposentou (Thompson, 2009), temos uma rememoração da posição do órgão, diante do pedido de cancelamento do tombamento do Forte. O documento diz o seguinte: "foram tomadas por êste órgão providências, junto ao Ministério da Marinha no sentido de ser sustada a demolição ilegal do imóvel" (Iphan, 1995, p. 59). Nesse momento, estava em jogo a representação construída sobre o Forte do Buraco enquanto Patrimônio Histórico e, como tal, fazia parte da constituição identitária do nacional.

Todavia, estava em jogo também as relações de poder que asseguravam um lugar privilegiado ao Iphan como órgão responsável pelo tombamento. Relembrar que o órgão federal de preservação se posicionou contrário à demolição é atestar o desrespeito à sua autoridade constituída e legitimada pelo Decreto que havia sustentado, juridicamente, a patrimonialização do Forte em 1938.

Há aqui um "regime discursivo" dos efeitos de poder próprios do jogo enunciativo" (Foucault, 1988, p. 6). Por meio do dito e do não dito, o órgão federal de preservação tenta produzir o efeito de que foi vítima de um ato arbitrário que precisa ser revisto em função, inclusive, de um Decreto que ainda está em vigor e legitima seus efeitos de poder, outrora desrespeitados. O Decreto-lei n. 25, de 1937, funciona como um "estatuto daqueles que têm o encargo de dizer o que funciona como verdadeiro" (Foucault, 1988, p. 10).

É interessante observar que, no mesmo ofício, a chefe da seção de história e arquivo do Iphan diz que:

> Embora em ofício de 6.4.1953 o Ministério da Marinha houvesse comunicado a esta repartição haver sido sustada a demolição em causa, providenciava, simultaneamente, junto ao Presidente da República, para o cancelamento da inscrição do imóvel nos Livros do Tombo, o que foi conseguido por despacho presidencial, datado de 10.1.1955. (Iphan, 1995, p. 59)

A interpretação dessa fala de Judith é de um descontentamento evidente com o que aparenta ter sido uma manobra do Ministério da Marinha e que, na sua fala, acabou, de certa forma, enganando o órgão federal de preservação, que parece ter acreditado na sustação da demolição do Forte. É preciso considerar que o primeiro pedido de demolição do patrimônio foi feito quando Getúlio Vargas ainda era presidente do Brasil em 1953, mas quando o cancelamento do tombamento acontece é sob o despacho presidencial de Café Filho.

Segundo Foucault (1988, p. 83), "a impressão de que o poder vacila é falsa, porque ele pode recuar, se deslocar, investir em outros lugares...". Foi o que aconteceu, o poder foi investido por Café Filho em uma coorporação que teve mais força simbólica do que o órgão federal de preservação, ou seja, o poder foi investido num outro lugar, a Marinha que detinha o poder. Entretanto, o poder circula nos espaços, não hierarquiza e, por isso, transitava entre a Marinha e o Iphan, de acordo com os interesses de cada órgão e dos efeitos que cada um conseguiu produzir em cada momento histórico.

Tendo em vista tratar-se de um ofício de 1968, a representante do Iphan parece querer justificar que, além da quebra com a autonomia do órgão, o cancelamento do tombamento não foi feito de maneira transparente e aconteceu de forma inesperada em 1955 diante da decisão de sustação em 1953, como vimos anteriormente nas matérias no Diário de Pernambuco.

Dessa forma, a Marinha fez circular um exercício de poder e, de acordo com Foucault (1988, p. 104), "o poder, para exercer-se nestes mecanismos sutis, é obrigado a formar, organizar e pôr em circulação um saber, ou melhor, aparelhos de saber". Os mecanismos da Marinha, diante dessa primeira situação de demolição do Forte, agiram de modo sutil e se apropriaram de um saber, em torno de justificar a demolição e conseguir o aval do presidente da república.

Com isso, compreendemos que o ofício representa um descontentamento do Iphan, não só com o cancelamento do tombamento, mas com os trâmites em torno do destombamento do Forte. Não é colocada em questão a historicidade e/ou importância do bem enquanto patrimônio, mas a estratégia usada pelo Ministério da Marinha para realizar o cancelamento do tombamento, episódio que já discutimos, com ênfase, no tópico anterior.

Depois de alguns anos sem progresso no pedido de tombamento das "ruínas" do Forte, outro motivo vai ser elencado para justificar a patrimonialização. Embora um dos motivos para o congelamento do processo de tombamento tenha sido o desmanche do órgão federal de preservação no Governo de Fernando Collor, no reestabelecimento do processo de tombamento é acrescentado um fato novo para fortalecer a necessidade do tombamento.

> Por se encontrar numa situação estratégica e privilegiada, de onde é possível contemplar o Recife antigo, Olinda, o Mar e o rio Capibaribe, esta fortaleza militar de grande importância para a história pernambucana, tende a desaparecer, com o desenvolvimento das obras do Porto do Recife e só o restabelecimento do seu tombamento poderá evitá-lo. (Iphan, 1996, p. 75)

Assim, o tombamento ganha um reforço estratégico a partir desse discurso que tenta estabelecer, com mais cuidado, o motivo de preservação de um patrimônio histórico como justificativa para o tombamento, como se o Iphan representasse a salvação de uma memória por meio desse ato de patrimonialização. O que ocorre, aqui, é "um retorno da memória, como se essa fosse uma chama que se reacende" (Cnadau, 2012, p. 128) para salvar do esquecimento as "ruínas", não enquanto patrimônio histórico, mas enquanto objeto tombado e, portanto, representação de uma memória de resistência do Iphan frente ao desacordo com o destombamento.

Compreendemos que houve um esvaziamento verbal nos documentos para o pedido de tombamento das "ruínas" e que o Iphan percebeu que, estrategicamente, os discursos iniciais não eram coerentes com os discursos fundantes do Sphan e seus objetivos relacionados ao patrimônio na década de 1930. Isso porque os argumentos, até então, apenas evocam uma espécie de revanchismo ao destombamento.

Dessa forma, mencionar o cuidado com a preservação, apresentado no documento citado como única saída para evitar o fim das ruínas frente à construção do Porto do Recife, é apenas o discurso representado por meio dos signos como forma de demonstrar cuidado com o bem enquanto patrimônio. Porém, o que não está dito nessa afirmação é que o reestabelecimento do tombamento é um ato de ressignificação do poder do órgão federal de preservação.

Segundo Foucault (1988, p. 89), "o poder não é uma instituição e nem uma estrutura, [...] é o nome dado a uma situação estratégica complexa". Nessa perspectiva, o poder não é uma coisa que o Iphan possuía, mas transitava entre o discurso de reestabelecimento do tombamento, as técnicas e práticas usadas em prol de revigorar o seu status.

Tanto é que o pedido para que fosse aberto um novo processo de tombamento em 1995 foi justificado pela constatação de que não era possível retomar o Forte, uma vez que não existia mais, o que existiam eram "ruínas", "que o bem sofra uma nova avaliação do seu valor, tendo em vista as descaracterizações verificadas no referido monumento" (Iphan, 1996, p. 75).

A descaracterização foi tão brutal que foi sugerida uma avaliação arqueológica, como forma de encontrar vestígios que pudessem, de alguma forma, sustentar a configuração das "ruínas" como monumento, quando seu valor enquanto patrimônio nos moldes do tombamento de 1938 foram esvaziados, demolidos, descaracterizando sua representação arquitetônica colonial. A tentativa do Iphan é de fazer uma correlação entre saber e poder, pois não existe poder sem uma relação com o saber (Foucault, 1987).

Segundo Candau (2012, p. 159), para a patrimonialização, "esse modo de pensamento se dedica a encontrar ou fabricar tudo o que pode ter função de traços, relíquias, vestígios ou de arquivos. [...] Os traços possuem autoridade pela importância que lhes é conferida". Assim, o modo de pensar dos representantes do órgão federal de preservação vai atribuir importância às "ruínas", fabricando-as enquanto vestígio histórico e/ou relíquia que deve ser preservada.

Esse discurso demonstra como o Iphan resistiu contra o discurso de descaracterização que via "ruínas e nada mais", para fabricar discursivamente uma verdade sobre a importância dos resquícios de um bem e narrar como "ruínas" de valor histórico e arqueológico que deviam ser preservados.

O que chama atenção é que em nenhum dos documentos sobre o tombamento das "ruínas" do Forte é mencionado qualquer valor de memória que possa, de forma mais eficaz, embasar o pedido de tombamento. Apesar de compreendermos que o fato do objeto estar relacionado a certo fato histórico não o faz "lugar de memória", pois não há qualquer identificação pontual sobre o espaço enquanto representação para a memória coletiva do povo de Pernambuco. Isso é comprovado pela dificuldade de acesso ao lugar "[...] somos favoráveis ao seu Tombamento, salientando a necessidade de algumas ações imediatas, como o possível acesso ao Forte por uma passarela que o ligue à terra" (Iphan, 1990, p.

138). Ou seja, o acesso é difícil, porque não havia interesse das pessoas em visitá-lo, não havia reconhecimento sequer do objeto enquanto algo histórico, não fazia parte da memória coletiva das pessoas. Talvez, o fato de o Iphan pedir que a primeira providência fosse viabilizar o acesso ao objeto com intuito de "visitação do monumento por terra" (Iphan, 1995, p. 140) tenha a intenção de tentar estabelecer relações que pudessem, de alguma forma, atribuir sentido às "ruínas" do Forte.

Segundo Candau (2012, p. 163),

> [...] a elaboração do patrimônio segue o movimento das memórias e acompanha a construção das identidades: seu campo se expande quando as memórias se tornam mais numerosas, seus contornos se definem ao mesmo tempo em que as identidades colocam, sempre de maneira provisória, seus referenciais e suas fronteiras; pode assim retroceder quando ligada a identidades fugazes ou que os indivíduos buscam dela se afastar.

Não é esse o movimento que o Iphan faz em relação às "ruínas" do Forte do Buraco, por isso não há expansão, mas esvaziamento de significado do bem enquanto patrimônio, pois não há construção identitária em torno do bem, por isso há retrocesso. Se em algum momento da história houve, nem que seja no contexto do primeiro tombamento, em 1938, configuração identitária, com certeza foi fugaz e por isso se esvaíram. Ainda de acordo com Candau (2012, p. 164), o patrimônio pode "se esgotar na esperança de chegar a uma memória total", a patrimonialização das "ruínas" do Forte se esgotam, mas não foi em busca de uma memória total e sim da ausência de uma memória.

No meio do percurso para o reestabelecimento do processo de tombamento, surge uma opinião contrária ao discurso, até então, pregado, de que era necessário tombar as "ruínas". Esse discurso será narrado num parecer de um engenheiro e historiador de nome Marcus Tadeu Daniel Ribeiro, enviado para o departamento de proteção (Deprot) do Iphan, argumentando por meio de uma narrativa densa, carregada de justificativas históricas e contundentes sobre a descaracterização do bem quando do seu destombamento e também argumentando de modo contextual que os "restos" do Forte não se configuram como "ruínas" (Iphan, 1997).

Segundo o parecer, tanto Rodrigo Melo Franco de Andrade quanto Ayrton de Carvalho, ou seja, o diretor do Iphan e o representante regional tentaram, de todas as formas, impedir que a demolição acontecesse, mas que o Iphan não foi "contra a construção do dique seco" (Iphan, 1997, p. 143-144), tentando uma conciliação entre a preservação do patrimônio tombado e a modernização pretendida pela Marinha.

Por duas vezes o parecer traz a informação de que o órgão federal de preservação não foi contra a construção do dique. Ao que parece, o historiador tenta, de alguma forma, dizer não ter sido contra o objetivo da Marinha e que foi o erro ou, ainda, talvez ele queira dizer que os esforços do Iphan para impedir a demolição não foram contundentes ou no mínimo foram equivocados. Quando ele relata que o diretor e o representante regional do Iphan tentaram de todas as formas impedir a demolição do Forte, em seguida diz que o Iphan não foi contra o objetivo da Marinha, ele nos traz uma contradição.

Quem representa o órgão federal de preservação, no topo de sua hierarquia, no momento histórico de destombamento do Forte, é seu diretor Rodrigo Melo Franco de Andrade. Se o Iphan não foi contra a construção do dique, logo essa foi a posição do seu diretor. Dessa forma, seus representantes não tentaram impedir veementemente a demolição, uma vez que optaram pelo discurso de conciliação entre a modernização e a preservação que foi considerada pela Marinha como impossível diante dos objetivos de construção do dique seco (Iphan, 1997). Se era impossível a conciliação, isso significa que era preciso um discurso de enfrentamento por parte do Iphan contra a construção do dique que significava a demolição do Forte.

Ao que se percebe por esse parecer é que não havia, por parte da Marinha, discurso alternativo, possibilidade de conciliação ou mesmo de negociação. Era a construção do dique ou a existência do Forte. O Iphan, nessa perspectiva, não lutou de todas as formas e, por considerar a possibilidade de conciliação, enfraqueceu qualquer possibilidade de luta em prol da preservação do patrimônio. Com isso a Marinha exerceu seu poder e, como diz Foucault (2010, p. 29), "por detrás de todas as relações de poder existe, em última instância, qualquer coisa como um núcleo de violência", o qual, nesse caso, se expressa na demolição da Fortaleza.

Segundo o parecer de Marcus Tadeu (Iphan, 1997, p. 144), "O que sobrou nem chega a se constituir num produto da resistência do Iphan contra o vandalismo que se intentava cometer, mas tão-só o resultado da falta de diligência, por parte daqueles sob cuja responsabilidade encontrava-se o bem". Assim, compreendemos que as supostas "ruínas" não têm por essa narrativa configuração de patrimônio, pois não representa nem a "resistência do Iphan" e, portanto, foi quase totalmente descaracterizado em função da falta de cuidado da Marinha ou, talvez, tenha sido falta de interesse diante de um objeto histórico patrimonializado que não apresentava um discurso coeso enquanto monumento que trouxesse para a Marinha qualquer sentimento de pertencimento ou de memória coletiva que os fizesse repensar sua demolição.

No jogo discursivo, a narrativa do parecer vai ser desconstruída pelo Conselho Consultivo do Iphan, pois não vai ser considerada como verdade e logo será descartada. Segundo Foucault (1988, p. 10), existem "as técnicas e os procedimentos que são valorizados para a obtenção da verdade; o estatuto daqueles que têm o encargo de dizer o que funciona como verdadeiro". As técnicas e os procedimentos usados no parecer vão ser questionados e esvaziados de sentido, isso porque o historiador e arquiteto Marcus Tadeu tinha a função de fazer a avaliação das "ruínas", mas não tinha o encargo de dizer o que deveria funcionar como verdadeiro, logo, seu discurso vai ser caracterizado como incoerente e seu parecer não vai ter funcionalidade.

Diante de questões que, guardadas as devidas proporções, consideramos semelhantes à querela em torno das "ruínas" do Forte do Buraco, Hartog (2006) teoriza dizendo que:

> Nesta acepção, o patrimônio define menos o que se possui, o que se tem e se circunscreve mais ao que somos, sem sabê-lo, ou mesmo sem ter podido saber. O patrimônio se apresenta então como um convite à anamnese coletiva. Ao "dever" da memória, com a sua recente tradução pública, o remorso, se teria acrescentado alguma coisa como a "ardente obrigação" do patrimônio, com suas exigências de conservação, de reabilitação e de comemoração (Hartog, 2006, p. 266).

Assim, a patrimonialização das "ruínas" do Forte do Buraco define mais os anseios do Iphan do que o que possuí em sua configuração para legitimar um tombamento. Talvez esteja em jogo, além da autonomia, o remorso do órgão por não ter resistido ou confrontado a Marinha e impedido o destombamento do Forte, pois se o bem não representa a resistência do órgão federal de preservação, representa sua apatia e essa não é uma memória que o Iphan tenha desejo de arquivar, por isso sente a "ardente obrigação" do patrimônio, tentando reabilitar, conservar e preservar aquilo que restou da Fortaleza.

Entretanto, no parecer é apresentada uma contradição em relação ao comportamento histórico da Marinha quanto ao patrimônio histórico do Brasil. Segundo o arquiteto e historiador, as forças armadas sempre presaram pela preservação de monumentos nacionais e incentivo à preservação daquilo que era considerado patrimônio no Brasil, apoiando, por meio de regulamentações e criação de instituições de salvaguarda do patrimônio cultural. Por esse motivo, segundo o parecer, a postura da Marinha em relação ao Forte do Buraco contradiz uma postura das forças armadas que remonta a Dom João VI de cuidado com as Fortalezas (Iphan, 1997).

Todavia, essa narrativa não nos interessa em detalhe, trouxemo-la apenas para exemplificar o quanto a atribuição de valor patrimonial é construída sob os objetos, por meio de interesses particulares. Se a Marinha contraria a posição das forças armadas de forma geral em relação aos bens patrimonializados no Brasil é porque nesse momento não era do seu interesse preservar a

Fortaleza, ratificando nossa proposição de que aquilo que é tido como Patrimônio Histórico no Brasil, é inventado por meio das relações e das narrativas de pertencimento e memória coletiva que são configurados como representações do objeto cultural, criando assim identificação e valor enquanto patrimônio.

Segundo Hartog (2006, p. 272), "O patrimônio é um recurso para o tempo de crise. Se há assim momentos do patrimônio, seria ilusório nos fixarmos sobre uma acepção única do termo". Acreditamos que se trata de uma categoria política que foi usada pelo Iphan num momento de crise para tentar "resgatar", por meio do retombamento, uma autoridade perdida no destombamento e, para isso, a acepção do termo patrimônio foi totalmente diferente daquela usada no tombamento do Forte do Buraco em 1938.

O parecer deixa claro que não há "ruínas", mas "destruição de um imóvel depositário de parte da memória nacional" (Iphan, 1997, p. 147), ou seja, se havia um valor inventado para caracterização do bem enquanto patrimônio no seu primeiro processo de tombamento em 1938, foi totalmente descaracterizado por sua destruição, não justificando um novo tombamento.

Apesar de o tombamento das "ruínas" do Forte acontecer, é interessante avaliar o principal motivo do parecer contrário ao tombamento, quando diz "não são *ruínas históricas*, mas tão-somente escombros derivados de uma demolição dirigida e sistemática de um bem cultural", ou seja, o parecer evidencia que o que sobrou são restos, escombros e que, por esse motivo, não há justificativa para o tombamento.

Esse discurso comprova o quanto a patrimonialização de um bem cultural, de um objeto histórico é construída, estabelecida de acordo com os dispositivos históricos inventados para valorar o objeto, ao ponto de elevá-lo de escombro a patrimônio histórico e cultural, embora não possa mais ser considerado monumento nacional, portador de memória. Esses dispositivos permitem "escolher, entre todos os enunciados possíveis, aqueles que poderão ser aceitáveis no interior" (Foucault, 1988, p. 140), portanto são os ditos, não ditos, as práticas, as decisões e a instituição que tutela o tombamento que no dispositivo transformam estrategicamente escombro em patrimônio.

Diante da posição do historiador narrada no parecer, a chefe de divisão de estudos de acautelamento do Iphan segue o parecer e recomenda o arquivamento do processo de tombamento, compreendendo que o que restou do Forte não dá para compreender como "monumento [pois] nos parece prejudicada pela falta de atributos de valor nacional" (Iphan, 1999, p. 157), ou seja, o bem não se configura como monumento nacional e, como tal, não representa valor de memória, pode até ser considerado um objeto histórico, mas não um monumento.

Num outro parecer do conselheiro do Iphan, Roberto Cavalcanti de Albuquerque, fica evidente a disputa de narrativas que ocorreu, na década de 1950, entre os representantes da Marinha em defesa do cancelamento do tombamento e os representantes do Iphan em defesa da manutenção do Forte do Buraco enquanto patrimônio histórico. O parecer faz uma retrospectiva histórica do tombamento, destombamento e retombamento envolvendo o Forte do Buraco desde a década de 1930 até os anos 2000.

Segundo Albuquerque, no momento de destombamento, a Marinha descaracteriza de valor histórico o Forte, ao dizer que "já está praticamente demolido pela ação do tempo e nada mais relembra da época em que foi baluarte de defesa do solo pátrio" (Iphan, 2000, p. 165). A corporação destitui de valor histórico o bem, para, assim, legitimar seu interesse em cancelar o tombamento, já que dessa perspectiva não haveria configuração do objeto enquanto patrimônio.

Essa narrativa faz da Fortaleza um objeto jogado de acordo com os interesses, como o poder não é uma coisa, mas "um feixe de relações mais ou menos organizado" (Foucault, 1988, p. 141). A Marinha estabelece suas relações com a Fortaleza, com o órgão federal de preservação e com o presidente da república de maneira organizada, enunciando uma verdade sobre o objeto que enfraquece o Iphan, diante do governo federal, pois não existem relações de poder com igualdade. As relações de poder são sempre desiguais, "isso implica, um em cima e um em baixo" (Foucault, 1988, p. 142).

Os representantes do Iphan vão discordar desse discurso e tentar construir uma narrativa de que "os remanescentes do antigo forte do Buraco se revestem da mais alta significação histórica" (Iphan, 2000, p. 167). Com um discurso oposto ao da Marinha, o Iphan reveste de valor o objeto cultural para injustificar a necessidade de cancelar seu tombamento, demonstrando como cada órgão federal reveste seus interesses de discursos estratégicos.

Segundo Gonçalves (1996, p. 33), os representantes do órgão federal de preservação, entre intelectuais e diretores, "por meio de narrativas diversas, inventam o patrimônio cultural, a nação brasileira e a eles próprios, enquanto guardiões desse patrimônio" e, por isso, vão travar uma luta em prol do tombamento das "ruínas" do Forte.

Durante o percurso em que ocorreu a disputa das narrativas, aconteceu também a morte de Getúlio Vargas e, com isso, Café Filho assumiu a presidência da República e deu rapidamente andamento ao processo de cancelamento do tombamento que ocorreu, tendo entre outras justificativas, a "Segurança Nacional" (Iphan, 2000, p. 168). Desse modo em nome da "segurança nacional", um bem é destituído de um valor a priori atribuído para dá lugar aos "escombros", já que a construção do dique seco se concretizou em partes, mas logo foi abandonada.

O jogo de poderes que teve como sujeito e objeto de disputa o Forte demonstra o quão interesseira é a instituição de valor aos bens, tidos como históricos no Brasil e configurados enquanto patrimônio.

Depois de toda essa disputa em torno da configuração ou não do Forte enquanto monumento, Ayrton de Carvalho vai dizer que com o cancelamento do tombamento do Forte foi "irremediavelmente perdido" (Iphan, 2000, p. 168). Essa fala é interessante porque se contrapõe exatamente ao tombamento das "ruínas" do

Forte na posteridade, pois, como algo perdido é revestido novamente de valor e se torna patrimônio histórico?

A partir de uma nova narrativa que vai revestir o objeto de valor histórico e que vai trazer à tona o descontentamento do Iphan com o cancelamento do tombamento do Forte, menos por sua caracterização enquanto patrimônio e mais pelo que representava para o órgão federal de preservação o ato de destombar, pois era um ataque à sua autoridade, ao seu poder frente à instituição do patrimônio histórico no Brasil sob sua tutela.

Assim, o parecer do referido conselheiro vai ser favorável ao tombamento e inicia-se, a partir de então, um discurso de atribuição de valor às "ruínas", quando diz que pelas "fotografias constantes do processo, de 1998, que atestam força e expressividade dessas relíquias históricas" (Iphan, 2000, p. 171). Ou seja, ao chamar as "ruínas" de relíquias, já se tem a força simbólica de atribuição de valor de um objeto que é considerado preciosidade pela representação da expressão usada para se referir ao bem.

Nesse momento, o poder enquanto "feixe de relações" se inverte, é o Iphan que vai conseguir ficar por cima, mas sua disputa agora não é mais com a Marinha, porém com os discursos que descaracterizam as "ruínas" enquanto bem a ser tombado. A única coisa que o órgão federal de preservação precisa é legitimar um "discurso de verdade" (Foucault, 1996, p. 19) para concretizar seu desejo.

O conselheiro afirma, ainda, que o tombamento das "ruínas" tem um "sentido reparador" (Iphan, 2000, p. 172). Quando ele faz tal afirmação, está querendo dizer que se trata de uma reparação em relação ao destombamento, bem como de uma reparação ao poder do Iphan que foi desautorizado na década de 1950.

Embora o conselheiro diga que o bem tem um "valor em si mesmo" (Iphan, 2000, p. 172), isso é discutível e problemático, pois, até aqui, percebemos que o bem, tanto na década de 1950, quando da disputa em torno do destombamento, quanto nas décadas de 1980, 1990 e 2000, quando da constituição do processo de retombamento, o valor do bem é questionado, para uns, "ruínas", para outros, escombros, para uns, totalmente destruído, para outros, parcialmente destruído, para uns, monumento nacional, para outros, nada que o configure enquanto patrimônio por sua descaraterização, abandono, demolição e/ou falta de preservação. Sendo assim, o bem não tem valor em si mesmo, as narrativas lhes conferem ou não valores.

O Iphan, por meio de "uma vontade de verdade assim apoiada sobre um suporte e uma distribuição institucional tende a exercer sobre os outros discursos" (Foucault, 1996, p. 18), e é por meio dessa vontade de verdade representada no discurso que o órgão vai conseguir conferir valor de patrimônio às "ruínas".

Em mais um parecer de outro conselheiro do Iphan, Paulo Roberto Chaves Fernandes, que vai ser legitimado por unanimidade pelo Conselho Consultivo do Órgão, temos uma narrativa favorável ao tombamento das "ruínas" do Forte. Nesse documento, chama atenção a linguagem usada pelo conselheiro para justificar sua posição. Com metáforas e literariedade, mas utilizando-se de ironia, o conselheiro se contrapõe às posições contrárias ao tombamento, atribui valor ao objeto e, ainda, ressalta o que representa para o Iphan a patrimonialização do objeto.

Segundo Fernandes (Iphan, 2000, p. 178), "Os "escombros" como assim prefere denominar um *douto* parecer nos autos do processo em tela, ainda sangram. E exigem reconhecimento". Quando ele fala em escombros, está ironizando o parecer do historiador Marcus Tadeu, que discorda da caracterização do bem enquanto "ruínas" e adverte que esses escombros sangram, portanto, que existe ali um objeto histórico que ainda deve ser visualizado como patrimônio e, por isso, exige ser reconhecido.

Compreendendo o objeto enquanto depositário de memória, o conselheiro diz "Senhores conselheiros, a ruína é um monumento". Ao evocar os conselheiros numa estratégia discursiva de envolver os outros em sua retórica de convencimento, o conselheiro chama a responsabilidade para todos e tenta convencê-los daquilo que narra, tentando transformar seu discurso em verdade sobre as "ruínas".

Segundo Chuva (2009, p. 171), o Conselho Consultivo "atuava no sentido de dirimir possíveis conflitos, como uma instância superior, garantia o exercício de articulação discursiva a respeito da racionalidade, com o triunfo do 'interesse público'", legitimando as práticas seletivas do SPHAN". Assim, Fernandes tenta convencer os demais conselheiros, pois sabe que o Conselho tem representação positiva diante do órgão federal de preservação e tem o poder de legitimar uma prática seletiva, mesmo que não tenha interesse público ali configurado.

Em seguida, diz o conselheiro: "O Forte do Buraco narra uma tragédia, da qual nós também membros do Conselho Consultivo do Iphan somos partícipes, na medida em que vamos deliberar sobre o destino de um polêmico processo que se arrasta há 45 anos" (Iphan, 2000, p. 178). O conselheiro, com um discurso contundente, tenta passar para o Conselho, de modo geral, que a querela em torno do tombamento das "ruínas" se arrasta por muito tempo e que é responsabilidade do Conselho, no momento em questão, resolver esse problema optando pelo tombamento.

Essa narrativa acaba evidenciando que houve negligência do Iphan nesses 45 anos e que agora eles tinham a oportunidade de resolver a polêmica. Segundo Fernandes (Iphan, 2000, p. 178), "A ruína, agora mais do que história, é resistência e memória, tão representativa daqueles que têm se insurgido contra a prepotência e o desdém". Quando ele fala de resistência, não está se referindo ao patrimônio, mas aos intelectuais e burocratas que fizeram parte do processo de tombamento do Forte em 1938 e que foram contrários ao destombamento na década de 1950, gente como Gilberto Freyre, Rodrigo Melo Franco de Andrade, Lúcio Costa, entre outros que tentaram impedir o destombamento do Forte.

A memória a que faz referência Fernandes (Iphan, 2000) é a memória da luta dos representantes do Iphan em torno da manutenção do tombamento do Forte. Em nenhum momento ele coloca em questão as supostas memórias que poderiam o objeto histórico estar relacionado para sua caracterização enquanto patrimônio histórico e/ou monumento desde seu primeiro tombamento.

Para finalizar, o parecer deixa claro que o tombamento "revigora" o Iphan, ou seja, recupera sua autoridade e poder simbólico rompido na década de 1950, por meio do destombamento do Forte. Não havia preocupação em caracterizar as "ruínas" enquanto patrimônio, pois o maior interesse era pela recuperação simbólica em fazer o Iphan recuperar um lugar perdido por meio de um ato, mas que poderia ser revigorado com o ato de tombamento de um objeto que, historicamente, pode ter alguma representação, mas que tem valor irrisório e não se configura enquanto um espaço de memória, porém esse talvez seja o maior motivo em tombá-lo, pois comprova a força e o poder do Iphan em patrimonializar, mesmo quando o valor em si de um objeto/bem não apresenta reconhecimento enquanto monumento em sua forma conceitual.

Assim, o tombamento das "ruínas" do Forte comprova o quanto o patrimônio histórico no Brasil pode ser instituído pelos mais diversos discursos e estratégias discursivas que compõem a caracterização de um bem a ser tombado por um órgão que tem uma posição estratégica e ocupa um lugar de autoridade para dizer o que pode/deve ser patrimonializado.

4.3 QUEM FABRICA O PATRIMÔNIO?

> [...] O patrimônio histórico e artístico nacional estava sempre em construção – não estava dado a priori. Não se deve perder de vista, portanto, que as visões de mundo e as posições nos diversos campos (político, cultural, religioso, intelectual etc.) determinaram, muitas vezes, as tomadas de posição dos agentes em jogo. Na gestão estatizada de bens simbólicos, escolhas políticas estavam permanentemente sendo feitas, as quais uma boa retórica era, de um modo geral, capaz de sustentar, no amplo universo de possibilidades de invenção do "patrimônio". (Chuva, 2009, p. 239)

De acordo com Chuva (2009), compreendemos que o patrimônio histórico está concomitantemente em permanente construção e constante desconstrução, sendo fabricado de acordo com os interesses dos sujeitos envolvidos nos atos de tombamento e (des)recaracterizados diante do (des)retombamento. O patrimônio não está "dado a priori", porque não tem valor per si, seu valor, sua caracterização enquanto patrimônio é dada por meio de práticas discursivas e não discursivas, diante de um "dispositivo histórico" de poder que envolve instituições, saberes, estratégias que estabelecem as posições advindas, no caso das "ruínas" do Forte do Buraco, de interesses políticos. Foi por meio de uma "boa retórica" de convencimento e de uma disputa de narrativas que o Iphan conseguiu tombar um objeto de valor patrimonial irrisório, mas que representa "o universo de possibilidades de invenção do "patrimônio" como nos fala a autora.

Compreendemos, assim, que, apesar de o órgão federal de preservação ter estabelecido durante o percurso histórico de constituição do patrimônio histórico no Brasil um lugar de destaque, de autoridade e de poder em torno do ato geral de tombamento, algumas vezes sua autoridade foi quebrada e esteve frágil diante de determinados interesses.

Todavia, talvez não seja fragilidade, pois Chuva (2009) diz que foram poucos os casos de cancelamento de tombamento no período de 1937 a 1946, ou seja, quando o órgão federal de preservação tinha a nomenclatura de Sphan. Para que o destombamento ocorresse, foi preciso o Decreto-lei n. 3.866, em 1941, que atribuía ao presidente da república a responsabilidade pelo cancelamento de tombamento, desde que se tratasse de "utilidade pública" (Chuva, 2009, p. 147). Esse fato demonstra o quanto o Sphan tinha força diante da patrimonialização, pois foi necessário um decreto que desse ao executivo plenos poderes para produzir efeito e conseguir legitimidade diante de toda a prática discursiva e não discursiva construída pelo órgão federal de preservação para realizar os tombamentos.

Além disso, as práticas de tombamento estavam tão sustentadas pelo "dispositivo histórico" engendrado para promover a patrimonialização que era preciso alguém que ocupasse um lugar de autoridade, hierarquicamente superior, para romper/quebrar com o discurso de verdade do Sphan. Assim, o presidente da república é quem promove a quebra por meio de um decreto e um "ato ilocutório".

Segundo Foucault (1988, p, 94), o "ato ilocutório não é o que ocorreu antes do momento do enunciado [...]; não é o que se pôde produzir, depois do próprio enunciado, [...]; mas sim o que se produziu pelo próprio fato de ter sido enunciado". A representação do ato, por meio do Decreto-lei de 1941, é de que, ao ser enunciado, produziu, entre outros significados, o de que o patrimônio histórico no Brasil era uma fabricação que se revestiu de instituições, estratégias, práticas discursivas e não discursivas, saberes, sujeitos para atribuir valor a objetos e caracterizá-los como patrimônio de acordo com os interesses políticos do momento, ao passo que, dependendo dos interesses, esses mesmos objetos podiam ser deslegitimados de seu valor, comprovando que o patrimônio histórico no Brasil não tem valor per si.

Em suma, tomamos o tombamento das "ruínas" do Forte do Buraco para compreender de que forma o patrimônio histórico no Brasil foi inventando, em detrimento da composição material arquitetônica e da falta de representação do objeto enquanto monumento, espaço de memória. Diante das relações de poder e das disputas de narrativas em torno do ato de (des)retombamento, desnudou-se o quanto alguns objetos podem ser irrisórios historicamente, mas o quão importantes podem se transformar, se forem tocados pelos sujeitos que têm autoridade para tombar. Por fim, partindo dessa perspectiva, pensamos em comum acordo com Hartog (2006, p. 270), que defende que o "patrimônio não deve ser visto a partir do passado, mas a partir do presente, como categoria de ação do presente e sobre o presente", são os interesses de sujeitos históricos no presente que fabricam aquilo que vai se tornar patrimônio.

Referências

BOURDIEU, Pierre. **O poder simbólico**. Rio de Janeiro: Editora Bertrand Brasil, S.A., 1989.

CANDAU, Joel. **Memória e Identidade**. Tradução de Maria Letícia Ferreira. São Paulo: Contexto, 2012.

CHUVA, Márcia. **Os arquitetos da memória** – sociogênese das práticas de preservação do patrimônio cultural no Brasil (anos 1930-1940). Rio de Janeiro: Editora UFRJ, 2009.

FOUCAULT, Michel. **Do governo dos Vivos** – Curso no Cóllege de France, 1979-1980 (excertos). Tradução, transcrição, notas e apresentação de Nildo Avelino. Rio de Janeiro: Achiamé, 2010.

FOUCAULT, Michel. **A Arqueologia do saber.** 7. ed. Rio de Janeiro: Forense Universitária, 2008.

FOUCAULT, Michel. **Microfísica do Poder**. Rio de Janeiro: Edições Graal, 1988.

FOUCAULT, Michel. **A ordem do discurso**: aula inaugural no Collège de France, pronunciada em 2 de dezembro de 1970. Campinas: Loyola, 1996.

FOUCAULT, Michel. **Vigiar e Punir**: nascimento da prisão. Petrópolis: Vozes, 1987.

GONÇALVES, José Reginaldo Santos. **A Retórica da Perda**: os discursos do patrimônio cultural no Brasil. Rio de Janeiro: Editora UFRJ; Iphan, 1996.

HARTOG, François. Tempo e Patrimônio. **Varia História**, Belo Horizonte: UFMG, v. 22, n. 36, p. 261-273, jul./dez. 2006.

LE GOFF, Jacques. **História e Memória.** Tradução de Bernardo Leitão. 7. ed. Revista. Campinas: Editorada Unicamp, 1990.

RICOEUR, Paul. **A memória, a história, o esquecimento**. Tradução de Alain François. Campinas: Unicamp, 2007.

SPHAN – Serviço do Patrimônio Histórico e Artístico Nacional. Processo de tombamento 1613. **Arquivo Central do Iphan.** 1938.

THOMPSON, Analucia. **Memórias do Patrimônio:** Entrevista com Judith Martins. Rio de Janeiro: Iphan/DAF/Copedoc, 2009.

VEIGA-NETO, Alfredo. **Foucault & a Educação.** Belo Horizonte: Autêntica, 2003.